DIE SEGLERKÜCHE

Die Rezepte zum Download und weitere Informationen
sind abrufbar unter

www.seglerkueche.com

AEQUATOR

INHALT

INFORMATIVES

Die Mengenangaben der Rezepte sind für jeweils sechs Personen. Lediglich die Ingwer-Rezepte ergeben nur eine Portion.

FRÜHSTÜCK

IMBISS

SALATE

SUPPEN

FISCH

HAUPTSPEISEN

SÜSSE SPEISEN

INGWER

SICHERHEIT AN BORD

Ein erfahrener Smutje kann seine Crew natürlich bei jedem Wetter verwöhnen. Und gerade bei etwas mehr Wind und Welle ist eine Mahlzeit für das allgemeine Wohlbefinden an Bord gut. Dennoch ist es ratsam, die Aktivitäten in der Kombüse dem Wetter und dem Befinden der Crew anzupassen. In diesem Kochbuch werden in den Rezepten Empfehlungen gegeben, bis zu welcher Windstärke sich ein Rezept eignet. So wird ab Windstärke drei vom Gebrauch des Backofens abgeraten. Ab Windstärke fünf sollte das Hantieren mit mehreren Töpfen kritisch überdacht werden. In der Praxis wird aber natürlich jeder Schiffskoch oder jede Schiffsköchin selbst entscheiden, wie sicher er oder sie mit den Kochgegebenheiten an Bord umgehen kann und das Rezept entsprechend auswählen.

Grundsätzlich kann, je nach Wellengang, auch bei 6 bis 7 Beaufort noch gekocht werden. Allerdings sollte dann wirklich nur ein großer Topf zum Einsatz kommen, der mit extra zum Herd gehörigen Klammern sicher auf dem Herd festgemacht werden kann. Insbesondere Eintöpfe eignen sich für raue See, da hier die Zutaten nacheinander verarbeitet und in den Topf gegeben werden, so dass der Smutje nur mit einem Brett und einem Messer hantieren muss. Vor dem Kochen sollte getestet werden, ob der ausgewählteTopf auch bei wegen Krängung geneigtem Herd genug Spielraum hat, so dass er nirgendwo anstößt.

Auch ist es empfehlenswert, den Abwasch immer erledigt zu haben, bevor mit dem Zubereiten der nächsten Mahlzeit begonnen wird: Dadurch hat man einerseits genug Freiraum während des Kochens. Andererseits kann man im Waschbecken Töpfe oder Messer schnell „sichern", wenn überraschend alle Hände an Deck benötigt werden. Es empfiehlt sich, vor dem ersten Kochen zu prüfen, wo der nächste Feuerlöscher ist. Meist sind mindestens drei Feuerlöscher an Bord, davon zumindest einer im Salon. Es ist gut, sich mit der Handhabung vertraut zu machen, um im Zweifelsfall schnell reagieren zu können.

Das Gas, mit dem Herd und Backofen betrieben werden, ist in Flaschen gelagert. Um Überraschungen zu vermeiden, sollte vor dem ersten Seegang geprüft werden, ob eine volle Ersatzflasche an Bord ist. Das Ventil der Gasflasche sollte unter Fahrt immer zugedreht sein und nur im Bedarfsfall geöffnet werden. Der zweite Gashahn, der sich für gewöhnlich in der unmittelbaren Nähe des Backofens (meist darunter) befindet, sollte nicht nur unter Fahrt, sondern auch im Hafen oder beim Ankern in der Bucht geschlossen sein und nur bei Gebrauch kurzzeitig geöffnet werden.

So viel Spaß das Kochen auf dem Boot auch macht und so hungrig die Crew auch ist: Die Sicherheit geht immer vor. D.h. bei wirklich starkem Wind, ist es gut, Mahlzeiten schon im Hafen vorzubereiten. Bereits beim Einkauf sollte darauf geachtet werden, dass mindestens eine „Notmahlzeit" proviantiert wird, die den Kalorienbedarf der Crew deckt, wenn das Kochen an Bord wetterbedingt nicht mehr möglich ist. Dosensuppen oder Kekse können in diesem Fall eine wertvolle Reserve sein.

Ein letzter Punkt soll beim Thema Sicherheit noch erwähnt werden: Leidet eines der Crewmitglieder unter einer Allergie, einer Lebensmittelunverträglichkeit oder Diabetes? Das muss im Speiseplan und ggf. schon beim Einkauf berücksichtigt werden. Handelt es sich um eine schwere Erkrankung, so ist zudem eine Notfallversorgung abzustimmen.

LAGERUNG VON LEBENSMITTELN

Bei der Lagerung der Lebensmittel an Bord gibt es ganz unterschiedliche Strategien: Von der Vorproviantierung in nach Törntagen durchnummerierten Daypacks, über vorgekochte Mahlzeiten im Kühlschrank, bis hin zum genauen Verstauungsplan, der für alle sichtbar aufgehängt wird, reichen die Empfehlungen.

Eine sinnvolle Lagerungsstrategie richtet sich nach Törnlänge und Crewgröße, aber auch nach der Anzahl der Köche. Soll der Kochdienst beispielsweise einem festgelegten Plan folgen und täglich wechseln? Oder sind es eher nur ein oder zwei Crewmitglieder, die den Kochdienst übernehmen? Will man Bürokratie auf kürzeren Törns bis zu einer Woche vermeiden, empfiehlt es sich, einen Lagerungsverantwortlichen zu benennen, der im Zweifelsfall weiß, wo nach einer bestimmten Zutat zu suchen ist und wieviel Proviant noch vorhanden ist.

Auch ist die thematische Verstauung der Lebensmittel sinnvoll. Manche Orte ergeben sich allein daraus, ob das Lebensmittel gekühlt werden muss (Fleisch und Wurst) oder relativ temperaturunempfindlich ist (viele Obstsorten, einige Gemüsesorten) oder gar Licht haben sollte (Tomaten). Ansonsten erweist sich eine Sortierung nach Frühstück, Knabbereien, Konserven und Beilagen (Nudeln, Reis, Kartoffeln) oft als hilfreich, um den Überblick über die Bestände zu haben und ein Verderben der Lebensmittel zu vermeiden.

DARÜBER HINAUS GIBT ES EIN PAAR GRUNDSÄTZLICHE PLANUNGSHILFEN FÜR DIE GEGEBENHEITEN AN BORD:

KÜHLSCHRANK:

Der Kühlschrank hat eine begrenzte Kapazität und ist ein vielfrequentierter Ort, an dem die sensiblen Lebensmittel verstaut werden müssen. Es bietet sich an, mit der Lagerung dort anzufangen:

- Vor der Befüllung mit Essig auswaschen und saugfähige Schwammtücher auf den Kühlschrankboden legen, um Kondens- und Tauwasser aufzufangen.
- Zuerst Getränke auf den Boden des Kühlschranks stapeln. Sie sind für gewöhnlich so robust, dass sie das darüber gelagerte Gewicht gut aushalten. Zudem fungieren sie als Kühlakkus, wenn der Kühlschrank aus Energiegründen nicht permanent mit Strom versorgt wird.
- Wurst- und Käsewaren in getrennte Plastikbehälter sortieren, um unerwünschten Bakterienbefall zu vermeiden.
- Stark riechende Lebensmittel (insb. Fisch) in Plastikdosen oder Tüten packen.
- Druckempfindliches Obst und Gemüse in Tüten oder Körben obenauf legen. Schadhaftes Obst oder Gemüse sofort entsorgen, um übergreifende Fäulnisprozesse zu vermeiden.

SCHAPPS:

Je nach Größe und Erreichbarkeit Schapps für bestimmte Themen aussuchen:

- Frühstückszutaten wie Marmelade, Müsli, Kaffee, Honig usw. sind idealerweise in einem Schapp. Ist der Smutje kein Frühaufsteher, so wird sich vermutlich ein anderes Crewmitglied bereit erklären, das Frühstück zu machen und das findet sich dann leicht zurecht.
- Ein gut erreichbares Fach sollte für Knabbereien wie Kekse, Nüsse, Schokolade, Trockenobst o.ä. reserviert sein. Wird nämlich die Crew von schlechtem Wetter überrascht, so sind sättigende und handliche Lebensmittel für jedes hungrige Crewmitglied einfach zugänglich. Auch ist dieser Ort für eine Notfall-Mahlzeit wie Dosensuppe geeignet.
- Kleinteiliges wie Gewürze oder Backzutaten in eine Plastikdose sortieren, um Chaos zu vermeiden.
- Obst und Gemüse, das nicht gekühlt werden muss, in Plastiksieb o.ä. sortieren und seegangssicher im Regal verstauen.
- Flaschen (insbesondere offene) in das meist im Tisch vorgesehene Fach sortieren, wo sie auch bei Schräglage nicht umfallen können.
- Sperrige Dinge und Reserven, wie Toilettenpapier, Küchenpapier, große Trinkwasserkanister, die in kleinere Flaschen umgefüllt werden, können an schlechter zugänglichen Orten, z.B. in den Backskisten, verstaut werden.

PROVIANT

Bei der Überlegung, was an Proviant an Bord genommen wird, spielen natürlich die kulinarischen Vorlieben der Crew eine große Rolle. Unabhängig vom konkreten Speiseplan gibt es aber eine Grundausstattung, die erfahrungsgemäß eine gute Proviantbasis bietet.

Bevor nun die Einkaufsliste erstellt wird, möchten wir noch ein paar Hinweise zu den Eigenschaften einiger Nahrungsmittel geben, die bei der Proviantierung eine Rolle spielen können.

KÄSE: Reifere Käsesorten am Stück wie Edamer, Cheddar, Parmesan, Schimmelkäse sind länger haltbar als junge Käsesorten wie Frischkäse oder Schnittkäse.

WURST UND SCHINKEN: Gerauchte oder getrocknete Sorten wie Salami oder Rauchschinken am Stück sind länger haltbar als frische Sorten oder Wurstscheiben.

FLEISCH: Rind und Lamm sind deutlich länger haltbar als Geflügel und können zudem gut in Marinade konserviert werden. Hackfleisch sollte in jedem Fall am Kauftag zubereitet werden. Viele Metzger bieten auf Nachfrage eine Vakuumverpackung an, die die Haltbarkeit um einige Tage verlängert.

GEMÜSE: Getrocknete Linsen, Bohnen oder Erbsen sind eine nahrhafte Alternative zu frischem Gemüse. Sie lassen sich sehr gut lagern und eignen sich für zahlreiche herzhafte Gerichte.

OBST: Früchte mit robuster Schale wie Orangen, Äpfel und Bananen eignen sich besser für die Lagerung als Sorten mit druckempfindlicher Schale wie Aprikosen, Pflaumen, Pfirsiche oder Trauben. Diese ziehen zudem schnell Fruchtfliegen an. Ungeeignet sind Beeren, da sie im Kühlschrank verwahrt werden müssen und schnell verderben. Diese sollten also noch am selben Tag gegessen werden.

KONSERVEN: Wiewohl Konserven auch an nicht ganz trockenen Orten wie Bilgen problemlos gelagert werden können, neigen Sie dazu bei Feuchtigkeit ihre Etiketten zu verlieren. Die Beschriftung mit einem wasserfesten Stift ist daher empfehlenswert.

VORSCHLÄGE FÜR DIE PROVIANT-LISTE:

- MÜSLI
- EIER
- MARMELADE
- NUSS-NOUGAT-CREME
- HONIG
- BROT

- WURST
- SCHINKEN
- KÄSE
- SPECK

- BUTTER/MARGARINE
- H-MILCH
- H-SAHNE
- JOGHURT

- SALZ
- PFEFFER
- GEMÜSEBRÜHE
- LORBEERBLÄTTER

- ESSIG (HELL UND DUNKEL)
- ÖL (SPEISE- UND OLIVENÖL)
- SENF

- DOSENTOMATEN
- PASSIERTE TOMATEN
- TOMATENMARK
- OLIVEN
- KIDNEYBOHNEN

- KARTOFFELN
- ZWIEBELN
- KNOBLAUCH
- LAUCH
- MOHRRÜBEN
- ZITRONEN
- ÄPFEL
- ORANGEN
- BANANEN

- NUDELN
- REIS

- LINSEN

- WASSER
- SÄFTE
- BIER
- WEIN
- TEE
- KAFFEE

- ZUCKER
- MEHL
- SPEISESTÄRKE
- TROCKENHEFE

- NÜSSE
- KEKSE
- CRACKER
- CHIPS
- SCHOKOLADE

ZUTATEN, DIE ZWAR NICHT ÜBERLEBENSWICHTIG SIND, ABER IN DEN IN DIESEM BUCH VORGESCHLAGENEN REZEPTEN HÄUFIG VORKOMMEN:

- HOLUNDERSIRUP
- CURRY
- PAPRIKAPULVER
- DILL
- INGWER
- OREGANO
- MAJORAN
- SAFRAN
- ZIMT
- MANGO CHUTNEY
- THUNFISCH
- KAPERN
- FRISCHE TOMATEN
- PAPRIKA
- RUCCOLA
- FRÜHLINGSZWIEBELN
- PETERSILIE
- CRÈME FRAÎCHE
- PANIERMEHL
- BULGUR
- KRABBEN/GARNELEN
- BACKPULVER

WASSER AN BORD

Segelyachten verfügen über ein oder gar zwei Wassertanks. Die Meinungen, ob es sich bei diesem Wasser um Trinkwasser handelt oder nicht, gehen auseinander. Tatsächlich ist diese Frage auch nicht pauschal zu beantworten, denn je nach Revier, Temperatur und Lagerungslänge des Wassers im Tank kann der Qualitätszustand des Wassers erheblich variieren.

Da insbesondere in europäischen Ländern strenge Trinkwasserverordnungen bestehen und die Zugabe von Desinfektionsmitteln in den Tank üblich ist, kann grundsätzlich davon ausgegangen werden, dass das Wasser, das im Hafen in den Tank aufgenommen wird, trinkbar ist. (Die Desinfektionsmittel, die in Yachtzubehör- oder Trekkingläden sowie Apotheken erworben werden können, basieren in der Regel auf Silberionen und Chlor. Schon mit kleinsten Dosen können Hunderte von Litern Wasser entkeimt werden, ohne dass eine Gesundheitsgefährdung besteht.) Tatsächlich hat man aber insbesondere auf Charteryachten keinen Überblick, wie lange das Wasser sich bereits im Tank befindet und ob oder wieviel Desinfektionsmittel bereits zugesetzt wurde. Wir empfehlen daher, sicherheitshalber nur abgekochtes Wasser oder gekauftes Tafelwasser trinken.

Zudem wird dem Trinkwasser in vielen Ländern standardmäßig Chlor zugesetzt. Zwar ist Chlor im Trinkwasser in geringen Dosen nicht gesundheitsgefährdend, kann aber durchaus den Geschmack beeinträchtigen. Falls also der Kaffee oder der Tee am Morgen einen „eigentümlichen" Beigeschmack hat, ist es empfehlenswert, allein aus Genussgründen, gekauftes Tafelwasser zu verwenden. Zum Kochen ist das Wasser aus dem Tank jedoch unbedenklich, da Keime und Bakterien beim Erhitzen abgetötet werden.

Natürlich ist es bei längeren Törns kaum möglich, ausreichend Wasser in Kanistern oder Flaschen mitzunehmen. Daher gibt es auf Hochseeyachten heute häufig Seewasseraufbereitungsanlagen, kurz Watermaker. Sie sind überaus praktisch und funktionieren im Großen und Ganzen alle nach demselben Prinzip: Indem das Seewasser unter sehr hohem Druck durch eine Membran gepresst wird, lässt sich fernab des Festlandes jederzeit frisches Süßwasser herstellen. Die Poren der Membrane sind so fein, dass durch Osmose auch Viren oder Bakterien abgeschieden werden. Resultat ist Trinkwasser, das den Auflagen der Weltgesundheitsorganisation entspricht. Dieses Instrument bietet neben der Erleichterung beim Einkauf den entscheidenden Vorteil, dass Frischwasser im Prinzip unbegrenzt zur Verfügung steht. Allerdings ist die Anschaffung eines Watermakers recht kostspielig und zudem benötigt er viel Energie. Auf gewöhnlichen Fahrtenyachten ist er daher bisher nicht üblich.

Wer keine solche Wunderwaffe an Bord hat, verfügt nur begrenzt über Wasserressourcen: Damit das Wasser nicht nur zum Kochen, sondern auch zum Duschen für alle reicht, muss der Törn nach der Tankgröße geplant und der Wasserstand regelmäßig geprüft werden. Bei durchschnittlichem Verbrauch kann man von fünf Liter pro Tag und Kopf ausgehen. Zudem müssen mindestens zwei Liter Trinkwasser pro Tag und Kopf kalkuliert werden.

SEEKRANKHEIT UND INGWER

So manch berühmter Seefahrer hatte daran zu leiden und auch erfahrene Skipper können ein Lied davon singen: Die Folgen der Seekrankheit können sehr unangenehm sein und die Freude am Törn schon mal trüben. In leichteren Fällen verschwindet das Unwohlsein, wenn man am Steuer steht oder auf der Luvseite des Bootes den Horizont fixiert. In schwereren Fällen sind Medikamente (meist Antihistaminika) und Bettruhe durchaus angebracht.

Die Seekrankheit ist eigentlich keine Krankheit, sondern lediglich eine Warnmeldung des Körpers, wenn die Informationen des Gleichgewichtsorgans mit denen der übrigen Sinnesorgane nicht miteinander vereinbar sind. Die Symptome, die auch in schwereren Fällen für gewöhnlich an Land schnell oder auf dem Wasser normalerweise nach zwei bis drei Tagen verschwinden, können auch durch Nahrungsmittel positiv beeinflusst werden. So ist empirisch belegt, dass ein leerer Magen sich nicht so gut stabilisieren kann wie ein leicht gefüllter. Daher ist eine kleine Mahlzeit trotz Appetitlosigkeit oft hilfreich. Das gibt neue Energie und regt den Kreislauf an.

Bei der Seekrankheit wird Histamin freigesetzt, das das Unwohlsein verursacht. Vitamin C trägt zum schnelleren Abbau dieses Hormons bei. Daher kann die frühzeitige oder prophylaktische Aufnahme von Speisen, die Vitamin C enthalten, den Verlauf der Störung positiv beeinflussen. Auch ist der Verzicht auf stark histaminhaltige Nahrung wie Salami, Tomaten, reife Käsesorten, Weizenbier und insbesondere Rotwein zu empfehlen.

Bei vielen Seekranken haben sich trockenes Gebäck wie Zwieback oder Cola als bekömmlich erwiesen. Außergewöhnliche Eigenschaften werden insbesondere der Ingwerwurzel zugeschrieben. Als Tropfen oder Tabletten gelten sie als alternatives Heilmittel. Empirische Studien haben gezeigt, dass frischer Ingwer eine nachhaltige Wirkung hat. Obwohl die Wirksamkeit aus medizinischer Sicht bisher nicht erklärt werden konnte, schwören viele Leidgeplagte auf die Knolle. Ob als Tropfen, Tablette oder frisch: Die durch starke Bewegung des Bootes hervorgerufene Übelkeit kann durch Einnahme von Ingwer gelindert oder sogar ganz verhindert werden. Auch gegen Kopfschmerzen, Erkältung oder Kater soll die Wunderknolle helfen.

Obwohl wenig über die offensichtlich positive Wechselwirkung der verschiedenen Bestandteile der Knolle bekannt ist, ist Vitamin C einer der wichtigsten Inhaltsstoffe. Daher haben auch schon im Mittelalter die Seefahrer Ingwer gegen Skorbut und zur Abwehr der Pest eingenommen. Tatsächlich stärkt Vitamin C nicht nur die Immunkräfte, sondern es senkt den bei Seekrankheit erhöhten Histaminspiegel und wirkt vorteilhaft auf die Serotonin-Rezeptoren. Allerdings kann sich diese Wirkung nicht entfalten, wenn Ingwer als Tee oder Brühe aufgenommen wird, denn Vitamin C zerfällt bei Hitze und starker Lichteinstrahlung. Ein Rezept mit rohem Ingwer ist „Avocado-Tomaten-Salat (Seite 84). Auch kann gewürfelter Ingwer ins Trinkwasser gegeben werden. Er gibt dem Wasser eine leckere Geschmacksnote.

Die Lagerung der v.a. aus Asien stammenden Knolle ist unkompliziert: Sie hält sich im Kühlschrank bis zu drei Wochen. Auch die Verarbeitung ist einfach: Knolle schälen und dann raspeln, reiben, würfeln, durch die Knoblauchpresse drücken oder in dünne Scheiben schneiden.

Die Ingwer-Rezepte in diesem Kochbuch sind aber nicht nur für die seekranken oder die feierfreudigen Segler mit Kater gedacht. Auch der Rest der Crew wird sich an den leckeren Gerichten erfreuen.

MÜLLENTSORGUNG

Die Entsorgung von Müll im Meer ist international durch MARPOL (International Convention for the Prevention of Marine Pollution from Ships) geregelt: Die Entsorgung von Müll in einer Entfernung von weniger als 12 Seemeilen vom Land ist grundsätzlich verboten. In größeren Distanzen dürfen Papier- und Baumwollerzeugnisse, Flaschen, Steingut sowie Lebensmittel entsorgt werden. Ausnahmen bilden allerdings die Nord- und Ostsee sowie das gesamte Mittelmeer: Sie sind als Sondergebiete ausgewiesen, d.h. dort darf keinerlei Müll über Bord geworfen werden.

Da das Segeln ja nicht nur ein Sport, sondern auch ein Naturerlebnis ist, ist es gerade für Wassersportler naheliegend, die Umwelt zu schützen. Damit sich alle über saubere Buchten und eine klares Seewasser freuen können, ist die Einhaltung der Vorschriften sehr empfehlenswert.

In der Praxis wird leider oft angenommen, dass die Entsorgung von biologischen Abfällen nicht schädlich und aus hygienischen Gründen sogar ratsam sei. Dies ist ein Irrtum, denn auch im Salzwasser dauert die Verrottung organischer Stoffe einige Zeit. In dieser Zeit sind die Lebensmittelabfälle eine potenzielle Futterquelle für Meerestiere, deren Organismen nicht auf die Verdauung dieser Stoffe eingerichtet sind. Tatsächlich kann eine Bananenschale für einen Fisch eine ernsthafte Bedrohung darstellen.

Plastik stellt übrigens die häufigste Verschmutzungsursache im Meer dar. Das mag an der langen Verrottungszeit liegen: 450 Jahre dauert es, bis eine Plastikflasche oder eine Babywindel zersetzt sind. Neben Plastikmüll sind Zigarettenkippen die zweithäufigste Ursache für die Verschmutzung der Gewässer. Ein Filter schwimmt bis zu fünf Jahren im Meer und kann von Meerestieren fälschlicherweise für Nahrung gehalten werden und zu Vergiftung führen.

EINIGE TIPPS ZUR RICHTIGEN ENTSORGUNG, KOMPRIMIERUNG ODER VERMEIDUNG VON MÜLL:

- Verpackungsmaterialien von Lebensmitteln auch aus hygienischen Gründen gar nicht erst mit an Bord nehmen. Insbesondere an Pappkartons kann Ungeziefer hängen.
- Pfandfreie Plastikflaschen idealerweise vermeiden. Zur Not komprimieren und als Plastikmüll in einer Backskiste sammeln. (Müllrecycling wird auch in Mittelmeerländern immer üblicher.)
- Glasmüll separat sammeln und an Land in Glascontainer entsorgen.
- Zigarettenkippen in einem Behälter mit Schraubverschluss an Deck sammeln.
- Mülltüten, insbesondere mit Flüssigkeiten oder stark riechenden Speiseresten, in reißfeste Müllsäcke packen und in der Backskiste sammeln.
- Wein nicht in Flaschen, sondern am besten in Kanistern oder Schläuchen kaufen, um Müll zu vermeiden.

FRÜHSTÜCK

RÜHREI MIT TOMATEN

12 Min. 5 bft

Tomaten waschen, Stielansatz entfernen und in kleine Würfel schneiden. Zwiebeln putzen und in feine Ringe schneiden.

Eier in einer Schüssel gut verrühren und mit Salz sowie Pfeffer würzen.

Öl in einer Pfanne erhitzen, Eiermasse hineingeben und ständig umrühren. Nach ca. 2 Min. Tomaten und Zwiebeln hinzugeben. Unter Rühren so lange garen, bis das Ei cremig gestockt ist.

Zutaten:	
12	Eier
4	Tomaten
3	Frühlingszwiebeln
	Salz und Pfeffer

VARIANTE

Statt der Tomaten können auch Krabben verwendet werden.

JOGHURT MIT BEEREN

5 Min. 5 bft

In einer Schale Joghurt mit Honig vermengen. Die gewaschenen Beeren unterheben und servieren.

Zutaten:	
600 g	Beeren
750 g	Naturjoghurt
3 EL	Honig

GEFÜLLTE GRAPEFRUITS

12 Min. 3 bft

Grapefruit halbieren, mit einem kleinen Löffel die Frucht auslösen. Fruchtfleisch in kleine Stücke schneiden. Haferflocken und Nüsse in einer Pfanne mit Butter kurz anrösten und mit dem Frischkäse sowie den Grapefruitstückchen mischen. In die Grapefruithälften füllen und mit Haferflocken garnieren.

Zutaten:	
3	Grapefruits
600 g	gekörnter Frischkäse
3 EL	Haferflocken
3 EL	gehackte Nüsse
1 EL	Butter

WISSENWERTES

Die aus Asien stammende Grapefruit, auch Paradiesapfel genannt, ist in Europa und Nordamerika erst seit Mitte des 20. Jahrhunderts bekannt. Sie ist nicht nur wegen ihres hohen Gehalts an Vitamin C gesund. Verschiedene andere Inhaltsstoffe sollen diätunterstützend und diabetesvorbeugend wirken. Die Extrakte aus den Kernen sollen zudem antivirale, antibakterielle und fungizide Wirkungen haben. Diese Studien sind allerdings umstritten. Als gesichert kann hingegen angenommen werden, dass einzelne Inhaltsstoffe nachweislich mit zahlreichen Medikamenten interagieren. Die Wirkung der Medikamente kann so eingeschränkt werden, dass der therapeutische Erfolg allein wegen des Grapefruitverzehrs ausbleibt. Wer also auf Medikamente angewiesen ist, sollte nicht allzu viele Grapefruits zu sich nehmen.

BANANENJOGHURT

10 Min. 5 bft

Bananen in Scheiben schneiden und die Hälfte davon in einer Schüssel mit einer Gabel zerdrücken. Joghurt, Saft einer halben Zitrone sowie Honig dazugeben und verrühren. Zum Schluss die restlichen Bananenscheiben unterheben und servieren.

Zutaten:	
6	Bananen
½	Zitrone
750 g	Naturjoghurt
3 EL	Honig

MÜSLI MIT FRISCHEN FRÜCHTEN

12 Min. 3 bft

Haferflocken oder Müslimischung in eine Schüssel geben. Mit kochendem Wasser knapp begießen und quellen lassen. Anschließend in Müslischalen portionieren. Das Obst waschen, bei Bedarf schälen, in mundgerechte Stücke schneiden und obenauf legen. Mit Joghurt bedecken und servieren.

Zutaten:	
1 kg	frische Früchte
200 g	Haferflocken oder Müsli (2½ Tassen)
750 g	Joghurt

BAUERNFRÜHSTÜCK

10 Min. + 20 Min. Garzeit

3 bft

Kartoffeln kochen, schälen und in grobe Scheiben schneiden. Eine Auflaufform mit Öl einfetten und die Kartoffelscheiben darin verteilen. Zwiebeln und Knoblauch in Scheiben schneiden und über die Kartoffeln geben. Eier verquirlen, mit Salz und Pfeffer abschmecken, dann über die Kartoffeln gießen. Schinken- oder Salamischeiben obenauf legen und im Ofen auf großer Flamme ca. 20 Min. backen.

Zutaten:	
1,2 kg	Kartoffeln
8	Eier
12	Salami- oder Schinkenscheiben
3	Zwiebeln
3	Knoblauchzehen
1 EL	Öl
	Salz und Pfeffer

VARIANTE

Das Bauernfrühstück ist ein klassisches Resteessen. Das angegebene Grundrezept kann jederzeit mit Gemüse, wie z. B. Paprika, Mohrrüben, Tomaten oder Zucchini ergänzt werden.

POCHIERTES EI AUF TOAST

15 Min. | 3 bft

1,5 l Wasser mit Essig und einer Prise Salz in einem Topf zum Sieden bringen. Inzwischen das Toastbrot im Backofen rösten, anschließend buttern, mit Salatblatt und Schinken belegen. Die Eier einzeln in eine flache Tasse oder Topfkelle vorsichtig aufschlagen und sehr dicht über dem siedenden Wasser ins Wasser gleiten lassen. Nicht von den Eiweißschlieren beeindrucken lassen und mit allen Eiern so verfahren. Nach 2-3 Min. die Eier mit einem großen Löffel vorsichtig vom Topfboden lösen, aus dem Wasser heben und auf den Toast legen.

Ggf. mit Petersilie garnieren und servieren.

Zutaten:

6	Salatblätter
6	Toastscheiben
6	Kochschinken-Scheiben
6	Eier
2 EL	Butter
60 ml	Essig (½ Tasse)
	ggf. Petersilienröschen
	Salz

BAKED BEANS MIT GEBRATENEM SPECK

10 Min. + 20 Min. Garzeit | 3 bft

Zwiebeln und Knoblauch klein würfeln. In einer heißen Pfanne den Speck anbraten und beiseite stellen. Anschließend Zwiebeln und Knoblauch im ausgelassenen Fett anbraten. Tomatenmark kurz miträsten. Dann die übrigen Zutaten (Bohnen, Sirup, Senf, Ingwer, 2 Tassen Wasser) hinzufügen und vermengen. Mit Salz, Pfeffer und Zucker abschmecken. Die Bohnenmasse in eine feuerfeste, flache Form füllen und mit den Speckscheiben belegen. Etwa 20 Min. im Backofen auf großer Flamme garen und heiß servieren.

Zutaten:

6	Scheiben Speck oder Bacon
2	große Zwiebeln
3	Knoblauchzehen
700 g	Kidneybohnen oder weiße Bohnen (Dose)
40 ml	Rüben- oder Ahornsirup ($^1/_3$ Tasse)
2 TL	Senf
½ TL	Ingwerpulver
2 EL	Tomatenmark
1 TL	Zucker
	Salz und Pfeffer

WISSENSWERTES

Den Namen verdankt die Kidneybohne ihrem nierenförmigen Aussehen: Im Englischen heißt Niere Kidney. Sie stammt ursprünglich aus Peru und wurde durch die Expeditionen des Christoph Columbus in Europa heimisch. Sie ist sehr proteinhaltig und heute in fast allen Kulturen ein beliebtes Nahrungsmittel.

IMBISS

CHICORÉE-SCHIFFCHEN MIT RÄUCHERLACHS

15 Min. 3 bft

Vom Chicorée die Blätter ablösen, waschen, trockentupfen und beiseite stellen. Lachs, Gewürzgurken und Frühlingszwiebeln in sehr kleine Stücke schneiden. Ggf. die Kräuter hacken. In einer Schüssel alles vermischen und mit Essig beträufeln. Mit Salz und Pfeffer würzen. Die Füllung auf die Blätter geben und mit Tomatenscheiben garnieren.

Zutaten für 15 Stück:

15	Chicorée-Blätter
125 g	Räucherlachs (ergibt gewürfelt 2 Tassen)
3	Tomaten
6	Gewürzgurken
2	Frühlingszwiebeln
ggf. 1 EL	gehackte Petersilie
ggf. 1 EL	gehackter Dill (oder 1 TL getrockneter Dill)
1 EL	Essig (hell)
	Salz und Pfeffer

WISSENSWERTES

Chicorée ist ein sehr junges, in der Natur nicht vorkommendes Gemüse, das erst im 19. Jahrhundert in Belgien zufällig entdeckt wurde, als eine Zichoriewurzel aus Versehen im dunklen Keller vergessen wurde und austrieb.
Wichtig beim Kauf des herben Gemüses sind die gelben Blätter und die dunkle Lagerung. Im Licht werden die Blätter innerhalb weniger Stunden grün und ungenießbar.

SCHINKENHÖRNCHEN

30 Min. + 90 Min. Ruhe- und Garzeit

2 bft

Die Hälfte des Mehls, Butter, 1 Prise Salz und Quark zu einem Teig kneten. Nach und nach das restliche Mehl zugeben bis ein glatter, nicht klebender Teig entsteht. Zu einer Kugel formen und im Kühlschrank mind. 1 Std. zugedeckt ruhen lassen.

Den Teig mit einem Wellholz (oder einer Flasche) auf bemehlter Unterlage mindestens einen halben Zentimeter dick ausrollen und in etwa 10 cm große Quadrate schneiden.

Zwiebel würfeln und in etwas Öl anbraten.

Jeweils in die Mitte der Teigstücke Schinken und Zwiebelwürfel legen. Von einer Ecke aus zu Hörnchen zusammenrollen und auf ein gefettetes Backblech legen. Ei trennen, das Eigelb mit Milch oder Wasser verquirlen und die Schinkenhörnchen damit bestreichen. Kümmel darüber streuen und im Backofen 30 Min. auf großer Flamme backen. Lauwarm oder kalt servieren.

Zutaten für 25 Stück:

250 g	Mehl (2½ Tassen)
2 EL	Mehl (für Arbeitsfläche)
250 g	Magerquark
250 g	Butter
250 g	Rauchschinken in feinen Streifen oder Speckwürfel (3 Tassen)
1	Zwiebel
1	Ei
1 EL	Milch (oder Wasser)
1 EL	Öl
	Kümmel
	Salz

GEFÜLLTE TOMATEN

20 Min. | 3 bft

Eier in 10 Min. hart kochen.
Inzwischen den Tomaten mit einem scharfen Messer einen Deckel abschneiden und beiseite legen. Mit einem scharfkantigen Teelöffel aushöhlen. Das Fruchtfleisch klein würfeln. Käse würfeln oder reiben und dazugeben. Die Eier schälen, klein schneiden und ebenfalls zugeben. Zutaten mischen und mit Salz, Pfeffer sowie Essig abschmecken. Am Schluss ggf. die gehackte Petersilie unterheben.
Die Masse in die Tomaten füllen. Deckel aufsetzen und servieren.

Zutaten:	
6	Tomaten
3	Eier
150 g	würziger Käse, z.B. Gouda oder Emmentaler (gerieben 2 Tassen)
1 EL	Essig (ideal ist Balsamico)
2 TL	gehackte Petersilie
	Salz und Pfeffer

GEBACKENE TOMATEN

20 Min. | Hafen

Ricotta mit Sahne zu einem Dip verrühren und mit Salz sowie Pfeffer würzen.
Fleischtomaten mit einem scharfen Messer in Scheiben schneiden. Beide Seiten der Tomatenscheiben mit Salz und Pfeffer bestreuen. Drei Suppenteller zum Panieren aufstellen. Einen für das Mehl, einen für die verquirlten Eier und einer für die mit Thymian vermischten Semmelbrösel. Die Tomatenscheiben nacheinander mehlieren, durchs Ei ziehen und in den Semmelbröseln panieren.
In einer Pfanne bei mittlerer Hitze auf jeder Seite knusprig backen. Zusammen mit dem Dip als warmen Imbiss oder kalt als Beilage zu Blattsalat servieren.

Zutaten:	
3	Fleischtomaten
3 EL	Ricotta (oder Sauerrahm)
2 EL	Sahne
5 EL	Mehl
2	Eier
1 Tasse	Semmelbrösel
4 EL	Öl
½ TL	Thymian
	Salz und Pfeffer

TIPP

Wie man Semmelbrösel selbst herstellen kann, ist im Rezept für „Gebratenen Fisch“ auf S. 125 nachzulesen.

FLAMMKUCHEN-TOAST

20 Min. 3 bft

Der originale Flammkuchen ist zwar mit Knetteig und Münsterkäse zubereitet, aber dieses Rezept kommt dem Original recht nah und geht viel schneller.

Crème fraîche mit Salz und Pfeffer würzen und mit einem kleinen Löffel auf das Toastbrot verteilen. Geriebenen Käse darüber streuen. Den Schinken in Streifen und die Zwiebel in dünne Ringe schneiden und auf den Käse verteilen. Im Ofen ca. 10 Min. auf großer Flamme backen.

Zutaten:	
6	Toastbrotscheiben
3 EL	Crème fraîche (oder Sauerrahm)
6	Rauchschinken-Scheiben
50 g	geriebener Käse (1 Tasse)
1	Zwiebel
	Salz und Pfeffer

VARIANTE

Auf ähnliche Weise kann man einen Pizza-Toast zubereiten: Toast mit passierten oder gehackten Tomaten, Gemüse, Salami, Käse o.ä. belegen und wie oben 10 Min. im Ofen backen.

KÄSERÖLLCHEN/ SIGARA BÖREK

30 Min. 4 bft

Zwiebeln schälen und würfeln. Käse mit Zwiebeln und gehackter Petersilie mischen. Die Yufkablätter auslegen und in 16 Dreiecke schneiden. Die Käsemischung auf die einzelnen Dreiecke verteilen und zur Spitze hin zusammenrollen. Die Teigspitze mit Wasser befeuchten, damit sich das Röllchen nicht öffnet.
Auf ein geöltes Backblech setzen und mit Öl bestreichen. Im Backofen auf großer Flamme ca. 8 Min. goldbraun backen.

Mit Joghurt oder Tzatziki/Cacik servieren.

Zutaten für 32 Stück:	
2	Zwiebeln
250 g	Schafskäse
½ Bund	frische Petersilie
2	Yufka-Blätter (dünne Teigblätter) oder Filoteig
2 EL	Öl

TZATZIKI/CACIK

10 Min. 5 bft

Salatgurken schälen, in kleine Würfel schneiden oder reiben und in eine Schüssel geben. Knoblauch fein würfeln und hinzufügen. Joghurt über die Gurken geben und umrühren. Mit Salz abschmecken. Die Minze und ggf. die Kräuter unterrühren.

Mit Brot oder Käseröllchen servieren.

Zutaten:	
2	Salatgurken
500 g	Joghurt
4	Knoblauchzehen
2 TL	frische Minze (oder getrocknete aus dem Teebeutel)
	ggf. frische Kräuter
	Salz

CEVAPCICI/KÖFTE

20 Min. 3 bft

Zwiebeln schälen, fein hacken und in eine Schüssel geben. Mit Hackfleisch, Ei, Paniermehl, Salz, Gewürzen und ggf. Petersilie durchkneten.
Öl in einer Pfanne erhitzen und den Teig in fingerdicke Röllchen mit ca. 5 cm Länge formen und im Öl ca. 3 Min. von jeder Seite braten.
Mit frischem Joghurt und Brot servieren.

Zutaten:	
500 g	Hackfleisch
2	Zwiebeln
1	Ei
6 EL	Paniermehl (oder geriebenes Weißbrot)
1 TL	Paprika
1 TL	Kreuzkümmel
ggf. 2 EL	frische Petersilie
2 EL	Öl
	Salz und Pfeffer
	Joghurt und Brot als Beilage

TIPP

Hackfleisch sollte unbedingt am selben Tag zubereitet werden, an dem es gekauft wird. Das fein gehackte Fleisch bietet Mikroben eine größere Oberfläche und kann daher schneller verderben als ungeschnittene Fleischstücke.

BRUSCHETTA

15 Min. 3 bft

Baguette in Scheiben schneiden, mit Olivenöl beträufeln und auf einem Blech im Ofen ca. 5 Min. knusprig backen.
Inzwischen die Tomaten, die Zwiebel und den Knoblauch in kleine Würfel schneiden. Oliven in Scheiben oder Würfeln hinzufügen. Mit Salz und Pfeffer abschmecken.
Baguette-Scheiben aus dem Ofen nehmen. Die Tomatenmasse darauf verteilen. Ggf. mit Basilikum oder Petersilie garnieren und servieren.

Zutaten:	
1	Baguette
6	Tomaten
1	Zwiebel
1	Knoblauchzehe
50 g	Oliven (½ Tasse)
	frisches Basilikum
1 EL	Olivenöl
	Salz und Pfeffer

FLADENBROT

15 Min. + 75 Min. Ruhe- und Garzeit — 3 bft

Mehl, Salz und Zucker in eine Schüssel geben. Hefe in ½ Tasse lauwarmem Wasser auflösen und zum Mehl geben. Teig gut durchkneten und in ca. 60 Min. zur doppelten Menge aufgehen lassen.

Teig nochmals durchkneten und auf einer bemehlten Fläche zum Fladen formen. In der Mitte leicht vertiefen. Mit Öl bestreichen und ggf. mit Sesam bestreuen. Im Backofen bei mittlerer Temperatur 10-15 Min. goldgelb backen.

Zutaten:

1	Hefewürfel (alternativ 1 Pkg. Trockenhefe)
500 g	Mehl
5 TL	Mehl (für Arbeitsfläche)
1 TL	Zucker
2 TL	Salz
1 TL	Olivenöl
	ggf. Sesam

BRÖTCHEN

15 Min. + 75 Min. Ruhe- und Garzeit — 3 bft

Teig genauso wie oben anfertigen und gehen lassen.

Aus dem Teig 10 runde Brötchen formen.
Nun mit Milch bestreichen und ggf. abwechselnd mit Sesam, Mohn und Hafer bestreuen.

Im Backofen bei mittlerer Temperatur ca. 15 Min. goldgelb backen.

Zutaten für 10 Brötchen:

1	Hefewürfel (alternativ 1 Pkg. Trockenhefe)
500 g	Mehl
5 TL	Mehl (für Arbeitsfläche)
2 EL	Milch
1 TL	Olivenöl
1 TL	Zucker
2 TL	Salz
	ggf. Sesam, Mohn oder Haferflocken

VARIANTE

Für kleinere Brötchen kann der Teig auch zu 20 Brötchen geformt werden. Fein gehackte Kräuter, geröstete Zwiebelwürfel oder Oliven geben ein pikantes Aroma.

AUBERGINEN MIT KÄSE UND GARNELEN

30 Min. 3 bft

Für die Sauce Butter in einem Topf zerlassen, 2 EL Mehl unterrühren und nach ca. 2 Min. unter Rühren die Milch portionsweise zugießen bis eine glatte Masse entsteht. Zwiebel sehr fein hacken und unterrühren. Mit Salz, Pfeffer und ggf. Muskat abschmecken und 15 Min. köcheln lassen. Eventuell mit Milch verdünnen. Zum Schluss Parmesan, Sahne und Eigelb unterrühren, aber nicht mehr kochen.

Inzwischen die Aubergine in Scheiben schneiden, im restlichen Mehl wenden und in einer Pfanne mit heißem Öl goldgelb braten und auf Küchenkrepp abtropfen lassen.

Die Auberginenscheiben auf einem Backblech verteilen. Garnelen auf die Auberginenscheiben legen und mit der Käsesauce bedecken. Auf hoher Flamme im Backofen ca. 10 Min. goldgelb backen und anschließend servieren.

Zutaten:	
1	große Aubergine
1	Zwiebel
150 g	vorgekochte Garnelen
75 g	Mehl (1 Tasse)
50 g	Butter
250 ml	Milch (2 Tassen)
2 EL	Sahne
50 g	geriebener Parmesan (¾ Tasse)
1	Eigelb
3 EL	Öl
	ggf. Muskat
	Salz und Pfeffer

KÄSE-MOHRRÜBEN-SANDWICH MIT WALNÜSSEN

10 Min. 5 bft

Zutaten:	
6	Brötchen
150 g	Frischkäse
3 EL	Naturjoghurt
150 g	Emmentaler
½	Zitrone
2	Mohrrüben
½ Tasse	Walnüsse
2 TL	Curry
	ggf. Petersilie

Frischkäse mit Joghurt verrühren und mit dem Saft der ½ Zitrone sowie Curry abschmecken. Brötchenhälften mit der Frischkäsecreme bestreichen. Mohrrüben in Streifen schneiden oder raspeln und auf der unteren Brötchenhälfte verteilen. Mit Walnüssen und ggf. Petersilienröschen garnieren. Darauf den Emmentaler und ggf. Petersilie legen und mit der anderen Brötchenhälfte bedecken.

GEFLÜGEL-SANDWICH MIT AVOCADO UND MANGO

15 Min. | 5 bft

Brötchen aufschneiden und untere Hälfte mit Salat belegen. Mango in Scheiben schneiden und auf den Salat legen. Hühnerbrust mit Salz und Pfeffer würzen, auf mittlerer Flamme in Öl anbraten und vom Herd nehmen. In feine Scheiben schneiden und auf die Mango verteilen. Avocado schälen und halbieren. Kern entfernen, ebenfalls in feine Scheiben schneiden, mit Zitronensaft beträufeln und auf das Fleisch legen. Mit der anderen Brötchenhälfte belegen und servieren.

Zutaten:	
6	Brötchen
300 g	Hühnerbrust
1	Avocado
6	Salat-Blätter
½	Mango
2 EL	Zitronensaft
1 EL	Öl
	Salz und Pfeffer

GURKEN-EI-SANDWICH

20 Min. | 5 bft

Eier in 10 Min. hartkochen und abkühlen lassen. Frischkäse mit Senf vermischen und mit Milch verdünnen. Zwiebel schälen, würfeln und in die Creme rühren. Mit Salz, Pfeffer abschmecken.

Baguette teilen und halbieren. Die Frischkäsecreme auf beide Hälften streichen. Salatgurke in Scheiben schneiden und auf die untere Brothälfte verteilen. Eier schälen, in Scheiben schneiden und auf die Gurken legen. Radieschen ebenfalls in Scheiben schneiden und über die Gurken verteilen. Ruccola waschen, trocknen und über die Radieschen schichten. Mit der oberen Brothälfte bedecken und servieren.

Zutaten:	
1½	Baguette
6	Eier
½ Bund	Ruccola
½	Salatgurke
½ Bund	Radieschen
150 g	Frischkäse
4 EL	Milch
1	Zwiebel
3 TL	Senf
	Salz und Pfeffer

W
285
255

SALATE

ITALIENISCHER BROTSALAT

20 Min. 3 bft

Baguette in Scheiben schneiden, in mundgerechte Stücke brechen und im Ofen knusprig rösten.

Inzwischen Essig, Öl, gehackten Knoblauch, Salz und Pfeffer in einer großen Schüssel zu einer Vinaigrette verrühren.

Tomaten in Scheiben schneiden. Salatgurke längs halbieren und ebenfalls in Scheiben schneiden. Basilikum in feine Streifen, Frühlingszwiebeln in Ringe schneiden und Mozzarella würfeln. Alles mit den Oliven direkt zur Sauce geben und vermengen.

Die Croûtons aus dem Ofen nehmen und über den Salat geben. Mit Basilikum und Oliven garnieren.

Zutaten:	
7	Tomaten
¾	Salatgurke
½ Bund	Frühlingszwiebeln
2	Mozzarella
20	grüne Oliven
2	Knoblauchzehen
1	Baguette (oder anderes Brot, ggf. vom Vortag)
12 EL	Olivenöl (1 Tasse)
6 EL	Essig
½ Bund	Basilikum
	Salz und Pfeffer

BUNTER MATJESSALAT

15 Min.
+ Ruhezeit

3 bft

In einer großen Schüssel Essig, Öl und Dill mischen, mit Salz und Pfeffer abschmecken.

Fisch, Obst und Gemüse in kleine Stücke schneiden und direkt zur Sauce geben. Umrühren und ggf. nochmal mit Salz und Pfeffer abschmecken.

Vor dem Servieren nach Möglichkeit eine Stunde durchziehen lassen und mit Brot servieren.

Zutaten:	
6	Matjesfilets
3	Paprika
½ Bund	Frühlingszwiebeln
3	Äpfel
5	Gewürzgurken
3	Tomaten
6 EL	Essig
12 EL	Öl (1 Tasse)
½ Bund	Dill (oder 1 TL getrockneter Dill)
	Salz und Pfeffer
	Brot als Beilage

WISSENSWERTES

Matjes sind junge Heringe, die vor Erreichen der Geschlechtsreife Ende Mai bis Anfang Juni gefangen werden. Da die enzymhaltige Bauchspeicheldrüse beim Ausnehmen nicht entnommen wird, fermentiert der Fisch in der Salzlake, in die er mind. fünf Tage traditionell in einem Eichenfass eingelegt wird, mit körpereigenen Enzymen. Der Name Matjes geht auf den niederländischen Matjeshering zurück, was übersetzt Jungfrauenhering bedeutet und auf die geschlechtliche Unreife des Fischs hinweist.

HACKSALAT

30 Min. 3 bft

Zunächst das Dressing in einer großen Salatschüssel anmachen: Senf, Essig und Öl vermischen. Mit Pfeffer und Salz abschmecken.

Nun nacheinander die weiteren Zutaten zerkleinern und zur Sauce geben:
Zwiebel, Petersilie, Kräuter und ggf. Minze sowie Chilischote sehr fein schneiden oder hacken. Paprika, Gurke, Tomaten und Schafskäse in kleine Würfel schneiden. Grünen Salat sowie Radicchio in kleine schmale Streifen schneiden. Alles vermengen und servieren.

Zutaten:	
1	Paprika
6	Tomaten
1	Zwiebel
1	grüner Salat
1	Radicchio
1	Salatgurke
200 g	Schafskäse
3 EL	heller Essig
6 EL	Olivenöl
2 TL	Senf
2 EL	gehackte Kräuter
1 Bund	frische Petersilie
1	Chilischote
	ggf. frische Minze
	Salz und Pfeffer

ROTE-BEETE-SALAT MIT MOHRRÜBEN

20 Min. 3 bft

Zunächst das Dressing in einer Salatschüssel vorbereiten: Brühe mit 6 EL heißem Wasser übergießen. Senf und Joghurt hinzufügen und verrühren.
Nun Mohrrüben, rote Beete und Zwiebeln direkt in die Schüssel raspeln. Falls vorhanden, Nüsse zerkleinern und untermengen.

Zutaten:	
3	Rote Beete
6	Mohrrüben
2	große Zwiebeln
2 TL	Gemüsebrühe
2 TL	Senf
5 EL	Joghurt
	ggf. 15 Walnüsse

VARIANTE

Auch Apfelstücke oder fein geschnittener Lauch passen gut in diesen Salat. Mit Fetakäse wird der Salat gehaltvoller.

BOHNENSALAT

20 Min. | 5 bft

Bohnen säubern und in kochendem Wasser in ca. 6 Min. bissfest kochen und unter kaltem Wasser abschrecken. Während die Bohnen kochen, Senf, Essig und Olivenöl mit zerkleinertem Knoblauch sowie gehackter Zwiebel vermischen und ggf. Bohnenkraut hinzufügen. Mit Salz und Pfeffer abschmecken.
Dressing über die abgegossenen und unter Wasser abgeschreckten Bohnen geben und servieren.

Zutaten:	
600 g	grüne Bohnen
1	Zwiebel
1	Knoblauchzehe
2 EL	Senf
3 EL	Essig
7 EL	Olivenöl
	ggf. Bohnenkraut
	Salz und Pfeffer

GURKENSALAT

15 Min. | 3 bft

In einer Salatschüssel Joghurt, Zitronensaft und Öl mischen. Mit Dill, Salz und Pfeffer abschmecken.
Gurken waschen und reiben oder in feine Scheiben schneiden. Zwiebel schälen und in feine Würfel schneiden. Beides zum Dressing geben und unterrühren.

Zutaten:	
2	Salatgurken
1	Zwiebel
300 ml	Naturjoghurt
4 TL	Zitronensaft
2 TL	Öl
½ TL	Dill
	Salz und Pfeffer

MÖHRENSALAT

15 Min. | 4 bft

Mohrrüben waschen und schälen. Im Anschluss über einer Salatschüssel grob reiben oder raspeln.
Zitronensaft und Öl über die Möhren geben. Gut umrühren und mit ein wenig Salz abschmecken.

Zutaten:	
½ kg	Mohrrüben
3 EL	Zitronensaft
6 EL	Speiseöl (kein Olivenöl)
	Salz

SALAT NIÇOISE

30 Min. 3 bft

Kartoffeln schälen und in Scheiben schneiden. Bohnen säubern und ggf. halbieren. Kartoffeln ca. 10 Min. kochen bis sie gar, aber noch bissfest sind. Bohnen 6 Min. vor Ende der Kochzeit zu den Kartoffeln geben. Kartoffeln und Bohnen abgießen und abkühlen lassen.

Inzwischen Eier in ca. 10 Min. hart kochen und abschrecken.

Für das Dressing in einer großen Schüssel klein gewürfelten Knoblauch und Anchovis in Senf und Essig zerdrücken. Öl hinzufügen und verrühren. Mit Salz und Pfeffer abschmecken.

Nun die Zutaten nacheinander in die Schüssel schichten: Zunächst die grob zerpflückten Salatblätter, darauf die Kartoffelscheiben, Bohnen, geviertelte Artischocken, gewürfelte Tomaten, in Ringe geschnittener Paprika und in Scheiben geschnittene Gurke. Alles gut umrühren. Am Ende Thunfisch, halbierte Eier, Kapern und Oliven auf dem Salat verteilen.

Zutaten:	
500 g	Kartoffeln
1	Salatkopf
2	Paprika
1	Salatgurke
4	Tomaten
6	Artischockenherzen
250 g	grüne Bohnen
3	Eier
2 Dosen	Thunfisch
3	Anchovifilets
1 EL	Kapern
4 EL	Oliven
1	Knoblauchzehe
6 EL	Olivenöl
3 EL	Essig (hell)
4 TL	Senf
	Salz und Pfeffer

BLATTSALAT MIT FRÜCHTEN UND WALNÜSSEN

15 Min. 4 bft

Salatblätter in mundgerechte Stücke zupfen, waschen und abtropfen lassen.

Nun das Dressing in einer großen Salatschüssel anrühren: Essig, Öl und Ahornsirup vermischen. Mit Salz und Pfeffer abschmecken.

Abgetropften Salat in die Schüssel geben. 10 Radicchioblätter waschen, zerpflücken und zum Salat geben. Trauben halbieren, ggf. entkernen und über den Salat geben. Birne vierteln, Kerngehäuse entfernen, in Scheiben schneiden und ebenfalls in die Schüssel geben.

Zutaten vermischen und Nüsse auf dem Salat verteilen.

Zutaten:	
1	Salatkopf
½	Radicchio
150 g	Trauben
1	Birne
4 EL	Walnüsse
1 TL	Ahornsirup
3 EL	Essig (hell)
6 EL	Speiseöl (kein Olivenöl)
	Salz und Pfeffer

VARIANTE

Falls kein Ahornsirup an Bord ist, kann auch ein Obstsirup verwendet werden. Ist auch dieser nicht verfügbar, können 2 EL Orangensaft mit etwas Zucker verwendet werden.

PIKANTER NUDELSALAT MIT FRISCHEM SPINAT

25 Min. 4 bft

Nudeln al dente kochen, abgießen und abkühlen lassen.

Das Dressing in einer großen Salatschüssel anrühren: Zerdrückten oder gepressten Knoblauch mit entkernten, sehr fein gehackten Chilischoten und Öl verrühren. Mit Salz abschmecken.

Spinat waschen, in schmale Streifen schneiden und zum Dressing geben. Frühlingszwiebeln putzen und ebenfalls in Streifen schneiden. Tomaten in kleine Würfel schneiden und hinzufügen. Geröstete Pinienkerne dazugeben. Mit dem Dressing vermischen. Nudeln hinzufügen und alles nochmal gut umrühren.

Zutaten:

500 g	Nudeln
800 g	frischer Spinat (oder Ruccola)
5	Frühlingszwiebeln
2	Knoblauchzehen
2	Chilischoten
50 g	getrocknete Tomaten in Öl (1 Tasse)
8 EL	Olivenöl
50 g	Pinienkerne (3 EL)
	Salz

SPINATSALAT MIT ORANGEN UND PARMESAN

20 Min. | 4 bft

Dressing in einer großen Salatschüssel anmachen: Essig und Öl vermischen. Mit Salz und Pfeffer abschmecken.

Spinat gut waschen, in feine Streifen schneiden und direkt in die Salatschüssel zum Dressing geben. Orangen filetieren, d.h. mit einem scharfen Messer die Schale inkl. Haut entfernen und in kleine Stücke schneiden. Die Orangenstücke mit dem ausgetretenen Saft zum Salat geben. Zutaten gut vermischen.

Den Parmesan auf dem Salat verteilen und servieren.

Zutaten:	
1 kg	frischer Spinat (oder 3 Bund Ruccola)
2	Orangen
3 EL	Essig (hell)
6 EL	Öl (kein Olivenöl)
150 g	gehobelter Parmesan (2 Tassen)
	Salz und Pfeffer

KARTOFFELSALAT MIT RUCCOLA

40 Min. 5 bft

Kartoffeln mit Schale je nach Größe 15-20 Min. kochen, abgießen und in kaltem Wasser abkühlen lassen.

Inzwischen Ruccola waschen, trocknen und die Blätter in mundgerechte Stückchen zerpflücken. In eine große Salatschüssel geben. Bohnen abgießen und dazugeben. Oliven hinzufügen.

Kartoffeln schälen, in Scheiben schneiden und zu den anderen Zutaten in die Schüssel geben.

Joghurt und den Saft der halben Zitrone über die Kartoffeln und das Gemüse geben. Mit Salz und Pfeffer abschmecken.

Zutaten:	
1 kg	festkochende Kartoffeln
1 Bund	Ruccola
1 Dose	Kidneybohnen
500 g	Naturjoghurt
½	Zitrone
100 g	entsteinte Oliven (1 Tasse)
	Salz und Pfeffer

LINSENSALAT

15 Min. + 30 Min. Garzeit — 5 bft

Linsen in 7 Tassen Wasser zum Kochen bringen. 1 TL Salz hinzufügen und ca. 30 Min. kochen bis die Linsen weich werden. Falls noch Wasser übrig ist, abgießen.

Sobald die Linsen ein bisschen abgekühlt sind, das Dressing in einer großen Schüssel vorbereiten: Essig und Öl vermischen und mit Salz sowie Pfeffer abschmecken.

Die Tomaten waschen, in kleine Würfel schneiden und zum Dressing geben. Radieschen und Mohrrüben putzen und ebenfalls würfeln. Frühlingszwiebeln putzen und in feine Ringe schneiden. Ggf. die Petersilie hacken und hinzufügen.

Am Ende die Linsen über das Gemüse geben und gut vermischen.

Zutaten:	
500 g	Linsen (3½ Tassen)
½ Bund	Radieschen
6	Tomaten
3	Mohrrüben
5	Frühlingszwiebeln
6 EL	Speiseöl
3 EL	Essig (hell)
	ggf. frische Petersilie
	Salz und Pfeffer

TABOULÉ

30 Min. | 5 bft

Bulgur in einer großen Schüssel mit 8 Tassen kochendem Wasser übergießen. Getrocknete Minze hinzufügen und ca. 15 Min. quellen lassen.

Inzwischen Tomaten waschen und würfeln. Paprika waschen, entkernen und ebenfalls würfeln. Frühlingszwiebeln putzen und in feine Ringe schneiden. Alles zum leicht abgekühlten Bulgur geben und gut umrühren. Saft der Zitrone, Kümmel und Öl hinzufügen. Mit Salz und Pfeffer abschmecken und servieren.

Zutaten:	
500 g	Bulgur (4 Tassen)
3	Paprika
5	Tomaten
9	Frühlingszwiebeln
1	Zitrone
4 EL	Olivenöl
4 EL	getrocknete Minze (ggf. aus Teebeutel)
1 Prise	Kümmel (gemahlen)
	Salz und Pfeffer

TIPP

Vor allem in südlichen Ländern gibt es den Bulgur bereits fertig gewürzt. Falls also Bulgur in der Geschmacksrichtung Minze/Zitrone erhältlich ist, wird keine Minze benötigt. Die Zitrone wird dann nach Bedarf hinzugefügt.

REISSALAT MIT AVOCADO UND CHAMPIGNONS

30 Min. 3 bft

Zutaten:	
375 g	Reis (3 Tassen)
1	Avocado
1	Zitrone
250 g	Champignons
1 Dose	Kideybohnen
1	Knoblauchzehe
5	Frühlingszwiebeln
150 g	Walnüsse (2 Tassen)
2 EL	Butter
½ Bund	Petersilie
	Salz und Pfeffer

Reis waschen und in einem Topf in 1 EL Butter andünsten. Nach ca. 1 Min. mit 6 Tassen Wasser aufgießen und zugedeckt auf kleiner Flamme köcheln lassen bis kein Wasser mehr übrig ist. Gekochten Reis in eine Salatschüssel geben und abkühlen lassen.

Inzwischen Pilze putzen und in Scheiben schneiden. Knoblauch schälen, fein würfeln oder pressen und in 1 EL Butter in einer Pfanne dünsten. Pilze hinzufügen und ca. 5 Min. anbraten.

Anschließend Pilze zum Reis in die Schüssel geben und vermengen. Avocado schälen, halbieren, Kern entfernen und würfeln. Avocado-Würfel zu Reis und Pilzen geben.

Frühlingszwiebeln putzen, in Ringe schneiden und zu den anderen Zutaten in die Schüssel geben. Kidneybohnen abgießen und ebenfalls hinzugeben. Mit dem Saft einer Zitrone sowie Salz und Pfeffer abschmecken. Walnüsse zerkleinern und unterheben. Ggf. mit gehackter Petersilie garnieren und gerne auch noch lauwarm servieren.

AVOCADO-TOMATEN-SALAT MIT INGWER

20 Min. 3 bft

Ingwer, Knoblauch und Aprikosen in kleine Würfel schneiden und in Orangensaft einweichen. Öl und Essig dazugeben und mit Salz und Pfeffer abschmecken.

Avocados schälen, längs achteln und in Scheiben schneiden. Die Tomaten ebenfalls achteln, mit den Avocadoscheiben anrichten.

Mit der Marinade übergießen und 10 Min. ziehen lassen.

Zutaten:	
10	Tomaten
2	Avocados
15	getrocknete Aprikosen
2 EL	gehackter Ingwer
4 EL	Öl (kein Olivenöl)
1 EL	Essig (hell)
125 ml	Orangensaft (1Tasse)
2	Knoblauchzehen
	Salz und Pfeffer

WISSENSWERTES

Der bis zu 15 Meter hohe Avocadobaum stammt ursprünglich aus Mexiko und wurde in Amerika bereits vor 10.000 Jahren kultiviert. Rund um das Mittelmeer wird er erst seit Beginn des 20. Jahrhunderts angebaut. Mit einem Fettgehalt von 25 % ist die Avocado die mit Abstand fettigste Frucht, die es gibt. Da es sich aber um wertvolle ungesättigte Fettsäuren handelt, ist sie überaus gesund und kann zudem als Bakterizid angewendet werden. Bei längerem Erhitzen wird Avocado bitter. In Verbindung mit Sauerstoff wird das Fruchtfleisch schnell grau oder braun, was aber durch das Beträufeln mit Zitronensaft verhindert werden kann.

FRUCHTIGER COUSCOUS-SALAT MIT INGWER

25 Min. Hafen

Couscous mit ¼ TL Salz in eine Schüssel geben. Mit 6 Tassen kochendem Wasser übergießen und 5 Min. quellen lassen. Mangos schälen, würfeln und unter den Couscous mischen.

Zwiebel feinhacken und die Paprika kleinwürfeln. Eine Pfanne stark erhitzen und den Zucker darin zu Karamell schmelzen. Mit Weißweinessig und Wasser ablöschen. So lange rühren bis sich die Zuckermasse aufgelöst hat. Zwiebel, Ingwer und Paprika zufügen, bissfest schmoren und diese Mischung mit Öl unter den Couscous heben. Geröstete Pinienkerne und Chilipulver darüber streuen.

Zutaten:	
400 g	Couscous (3 Tassen)
3	Mangos
4 EL	Zucker
125 ml	Weißweinessig (1 Tasse)
5 EL	Öl (kein Olivenöl)
2 TL	frischer, gehackter Ingwer
3	Paprika
1	Zwiebel
50 g	Pinienkerne (¾ Tasse)
1 Msp.	Chilipulver
	Salz

SUPPEN

CURRY-RAHM-SUPPE

15 Min. 5 bft

Die Zwiebel klein würfeln und in Butter anschwitzen. Bananen und Apfel schälen und in kleinen Stücken, zusammen mit dem Mango-Chutney zur Zwiebel geben. Kurz anrösten, mit Curry und Mehl bestäuben, gut verrühren und mit 1 Tasse kaltem Wasser ablöschen. So lange rühren bis die Flüssigkeit andickt. Mit einer Gabel das Gargut zerdrücken. Milch und Sahne hinzufügen.

Kurz aufkochen und anschließend auf kleiner Flamme 5-8 Min. köcheln lassen. Die Suppe mit Salz und Pfeffer würzen. Mit Krabben servieren.

Zutaten:	
2	Bananen
1	Apfel
1	Zwiebel
300 g	Krabben
2 EL	Butter
4 TL	Currypulver
1 EL	Mango-Chutney
2 EL	Mehl
1 l	Milch
200 ml	Sahne
	Salz und Pfeffer

WISSENSWERTES

Currypulver ist eine Gewürzmischung, die aus bis zu 13 verschiedenen Gewürzen besteht. Neben Kurkuma, Koriander, Kreuzkümmel, Pfeffer und Bockshornklee, die in fast allen Mischungen enthalten sind und den typischen Geschmack prägen, können diverse andere Gewürze enthalten sein. Die stark variierende Schärfe wird durch Chilipulver herbeigeführt.

MÖHREN-INGWER-SUPPE

20 Min. — Hafen

Mohrrüben und Zwiebel klein schneiden und den Ingwer in feine Würfel hacken. Alles in Öl anschwitzen, dann Zimt und Honig dazugeben. 1 Min. karamellisieren lassen und mit Weißwein ablöschen. Wenn die Flüssigkeit eingekocht ist, mit 3 Tassen Wasser auffüllen und die Suppe auf mittlerer Flamme köcheln lassen bis die Mohrrüben weich sind. Mit Salz abschmecken.

Ggf. mit Sahneschaum und Zimtpulver garnieren und servieren.

Zutaten:	
500 g	Mohrrüben
1	Zwiebel
2 EL	frischer Ingwer (oder 1 EL Ingwerpulver)
250 ml	Weißwein (2 Tassen)
2 EL	Honig
1 Msp.	Zimt
1 EL	Öl
	ggf. Sprühsahne
	Salz

TOMATENSUPPE

10 Min. — 6 bft

Zwiebel klein schneiden und in einem Topf mit der Butter anbraten. Dann den Knoblauch zugeben. Mit den passierten Tomaten und 1½ Tassen Wasser auffüllen. Alles aufkochen und 5 Min. köcheln lassen. Mit Salz, Pfeffer, Zucker und den Kräutern abschmecken.

Wird die Suppe mit Tomatenmark zubereitet, wird das Tomatenmark mit der Zwiebel angeröstet und mit 1,3 Liter Wasser abgelöscht. Ansonsten die Suppe wie beschrieben zubereiten.

Zutaten:	
1,3 l	passierte Tomaten (oder 1 Tasse Tomatenmark)
1	Zwiebel
2	Knoblauchzehen
1½ EL	Butter
	ggf. Estragon
	ggf. Oregano
1 TL	Zucker
	Salz, Pfeffer

CHAMPIGNON-RAHMSUPPE

15 Min. | 5 bft

Zwiebel in kleine Würfel schneiden. Champignons erst in dünne Scheiben schneiden und dann mit einem großen Messer klein hacken. Butter in einem Topf erhitzen und die Zwiebeln hellgelb anschwitzen. Dann die Champignons dazugeben und so lange schmoren bis nur noch wenig Flüssigkeit vorhanden ist.

Die Pilze mit Mehl bestäuben, verrühren und mit Milch und Sahne auffüllen. Unter regelmäßigem Rühren ca. 8 Min. kochen lassen. Sollte die Suppe noch zu dünn sein, mit etwas Mehlschwitze andicken.

Mit gehackter Petersilie servieren. Dazu passen Weißbrot oder Brotcroutons.

Zutaten:	
500 g	Champignons
2 EL	Butter
1	Zwiebel
1 l	Milch
125 ml	Sahne
3 EL	Mehl
½ Bund	Petersilie
	Salz und Pfeffer

FRANZÖSISCHE ZWIEBELSUPPE

25 Min. | 3 bft

Die Zwiebeln in dünne Scheiben schneiden und in der Butter glasig anbraten. Mit Wein und Gemüsebrühe auffüllen und 15 Min. köcheln lassen. Mit Salz und Pfeffer würzen.

Inzwischen die Toastbrote auf ein Backblech legen und im Backofen auf mittlerer Flamme 3 Min. anrösten. Toastscheiben aus dem Ofen nehmen, mit Knoblauch einreiben und mit Käse bestreuen. Im Backofen weitere 3 Min. auf großer Flamme gratinieren bis der Käse zerläuft und goldgelbe Farbe annimmt.

Die Suppe in Schüsseln anrichten. In jede Suppenschale ein Toastbrot obenauf legen und servieren.

Zutaten:	
8	Zwiebeln
1 l	Gemüsebrühe
125 ml	Weißwein (1 Tasse)
6	Toastbrot-Scheiben
1	Knoblauchzehe
80 g	geriebener Käse (1 Tasse)
2 EL	Butter
	Salz und Pfeffer

ITA 649

ERBSENEINTOPF

20 Min. + 60 Min. Garzeit | 6 bft

Kartoffeln, Mohrrüben und Zwiebel schälen und würfeln.

Speck- und Zwiebelwürfel in Butter hell anbraten. Dann die Kartoffeln und Mohrrüben dazugeben und mit anrösten. Erbsen in den Topf geben und mit 2 l Brühe auffüllen und 1 Std. köcheln lassen bis die Erbsen weich sind. Mit Salz, Pfeffer und Majoran abschmecken. Nach Geschmack mit Sahne verfeinern.

Zutaten:	
500 g	Schälerbsen (3½ Tassen)
3	Kartoffeln
2	Mohrrüben
1	Zwiebel
100 g	Speckwürfel (1 Tasse)
2 EL	Butter
2 l	Gemüsebrühe
½ TL	Majoran
	Salz und Pfeffer
ggf. 4 EL	Sahne

TIPP

Die Gemüsebrühe kann auch ganz einfach selbst hergestellt werden: Am Anfang Zwiebel, Mohrrüben, Lauch und Sellerie gemeinsam andünsten und später 1 l Wasser hinzufügen. In diesem Fall wird allerdings mehr Salz und Pfeffer benötigt.

ANEKDOTE

Erbsensuppe ist neben Hartbrot und Pökelfleisch die klassische Mahlzeit der alten Seefahrer. Da getrocknete Erbsen sehr nahrhaft, eiweißreich, günstig und gut zu lagern sind, haben Matrosen noch im 19. Jahrhundert auf vielen Schiffen über Wochen keine andere Speise zu essen bekommen.

HÜHNERSUPPE MIT INGWER

25 Min. 6 bft

Ingwer zusammen mit der Hühnerbrühe, der Kokosmilch und Pfeffer in einem Topf aufkochen. Auf kleiner Flamme 10 Min. köcheln lassen. Inzwischen die Hühnerbrust in dünne Streifen schneiden, Champignons halbieren und beides mit dem Mais in die Suppe geben. Weitere 10 Min. köcheln lassen bis das Fleisch gar ist.

Mit dem Saft einer Zitrone abschmecken, mit fein gehackter Chilischote bestreuen, ggf. mit Petersilie garnieren und heiß servieren.

Zutaten:	
500 g	Hühnerbrust
250 g	Champignons
1 Dose	Mais (klein)
2 EL	gehackter Ingwer
1 l	Hühnerbrühe
½ l	Kokosmilch (ungesüßt)
1	Zitrone
1	Chilischote
	ggf. gehackte Petersilie
	Salz und Pfeffer

GULASCHSUPPE

25 Min. + 15 Min. Garzeit | 5 bft

Rindfleisch waschen und in kleine Stücke schneiden. Zwiebeln würfeln und im heißen Öl anbraten. Mit Paprikapulver bestreuen, dann das Fleisch und Tomatenmark zufügen. Die austretende Flüssigkeit unter Rühren einkochen und das Fleisch mit dem Wein glasieren. Mit Wasser auffüllen, mit Salz würzen und im geschlossenen Topf 20 Min. fast garkochen. Inzwischen Mohrrüben und Kartoffeln schälen und würfeln. Paprika und Knoblauch ebenfalls würfeln und alles zusammen nach 20 Min. Kochzeit zugeben. Weitere 15 Min. kochen. Mit Salz, Pfeffer, Kümmel und Majoran abschmecken.

Zutaten:	
500 g	Rindfleisch
4	Kartoffeln
2	Mohrrüben
2	Paprika
3	Zwiebeln
3	Knoblauchzehen
2 EL	Tomatenmark
3 EL	Öl
125 ml	Rotwein (1 Tasse)
1 EL	Paprika (edelsüß)
1 TL	Kümmel
1 TL	Majoran
	Salz, Pfeffer

KARTOFFELSUPPE

25 Min. | 5 bft

Kartoffeln und Zwiebel schälen und in kleine Würfel schneiden. Mohrrüben schälen und in Scheiben schneiden. Öl in einem großen Topf erhitzen und Zwiebeln sowie Speck darin andünsten. Zunächst Kartoffeln in Würfeln und Mohrrüben in Scheiben hinzugeben und ca. 5 Min. dünsten. Brühe und Wein hinzufügen. Sobald die Kartoffeln fast gar, aber noch nicht sämig sind (nach ca. 5 Min. weiterer Kochzeit), Bohnen hinzufügen und ca. 6 Min. weiterkochen, bis die Bohnen gar sind. Mit Salz, Pfeffer sowie ggf. Bohnenkraut abschmecken und servieren.

Zutaten:	
1 kg	Kartoffeln
3	Mohrrüben
600 g	grüne Bohnen
1	Zwiebel
100 g	Speckwürfel (1 Tasse)
1 l	Gemüsebrühe
250 ml	Weißwein (2 Tassen)
3 EL	Öl
1 TL	Bohnenkraut
	Salz und Pfeffer

VARIANTE

Eine Kartoffelsuppe schmeckt mit vielen Gemüsesorten: Brokkoli, Erbsen, Blumenkohl oder Lauch sind sehr gute Alternativen zu Bohnen. Auch eine Mischung unterschiedlicher Gemüsesorten ist empfehlenswert.

LINSENEINTOPF

25 Min. + 25 Min. Garzeit

5 bft

Zwiebel schälen und in Würfel schneiden. Mohrrüben und Lauch waschen und in Scheiben bzw. Ringe schneiden. Zwiebel und Speck in 2 EL Öl andünsten und nach ca. 2 Min. Mohrrüben sowie Lauch hinzufügen. Weitere ca. 4 Min. dünsten.
Linsen zum Gemüse geben und mit 7 Tassen Wasser sowie Wein aufgießen. Lorbeerblätter am Stück dazu geben. Nach Geschmack mit Salz und Pfeffer abschmecken. Ca. 10 Minuten köcheln lassen.
Kartoffeln schälen, würfeln und hinzugeben. Die Suppe kochen, bis die Linsen weich und die Kartoffeln sämig sind. Darauf achten, dass die Suppe immer genug Flüssigkeit hat, ggf. Wasser nachgießen. Nach Geschmack können ganz am Ende noch kleingeschnittene Würstchen in der Suppe erwärmt werden.

Zutaten:	
500 g	Linsen (3½ Tassen)
3	Mohrrüben
3	Kartoffeln
2	Lauchstangen
1	Zwiebel
125 g	Speckwürfel (2 Tassen)
2	Lorbeerblätter
125 ml	Rotwein (1 Tasse)
	ggf. 6 Wiener Würstchen
	Salz und Pfeffer

VARIANTE

Sehr lecker sind im Linseneintopf auch Spätzle oder Spiralnudeln. Einfach hinzufügen, wenn Linsen und Kartoffeln fast gar sind und je nach Zeitangabe auf der Packung mitkochen. Darauf achten, dass die Suppe flüssig bleibt, ggf. Wasser hinzufügen.

WISSENWERTES

Linsen gehören vermutlich seit Beginn des Ackerbaus im Neolithikum (ca. 9000 v. Chr.) zu den wesentlichen Nutzpflanzen des Menschen und sind in historischen Quellen 7000 v. Chr. erstmals genannt. Ursprünglich im Mittelmeer und Kleinasien beheimatet, werden Linsen heute weltweit gegessen. Die anspruchslose Pflanze gedeiht auch auf kargen Böden wie z.B. der schwäbischen Alb recht gut.

FISCH

GARNELEN-RISOTTO

35 Min. 3 bft

Safran in heißem Wasser ziehen lassen. Falls die Garnelen noch roh sind, schälen und den Darm herausziehen, aber die Schwänze nicht entfernen.

Den Reis in einem Topf in 1 EL Butter erhitzen und nach 1 Min. mit 7 Tassen Fischfond löschen und ca. 25 Min. auf kleiner Flamme köcheln lassen.

Inzwischen Zwiebel und Knoblauch schälen, fein würfeln und in einer großen Pfanne in Olivenöl andünsten. Sobald diese bräunliche Farbe annehmen, Garnelen hinzufügen und nach 2 Min. mit Wein ablöschen. Safranfäden mit dem Einweichwasser hinzufügen. Alles köcheln lassen bis die Flüssigkeit ca. auf die Hälfte reduziert ist. 1 Tasse Fischfond und 1 Tasse Wasser zugießen und weitere 15 Min. köcheln lassen.

Den fertigen Reis zu den Garnelen geben und unterrühren. Falls das Risotto noch zuviel Feuchtigkeit hat, auf kleiner Flamme weiter reduzieren.
Die frische Petersilie oder den gehackten Dill unterheben und servieren.

Zutaten:	
500 g	Reis (3½ Tassen)
600 g	Garnelen oder Krabben
60 ml	Weißwein (½ Tasse)
1 l	Fischfond (8 Tassen)
1	Zwiebel
3	Knoblauchzehen
2 g	Safranfäden (½ TL)
6 EL	Olivenöl
1 EL	Butter
½ Bund	frische Petersilie oder Dill
	Salz und Pfeffer

TIPP

Falls kein Fischfond verfügbar ist, kann dieser einfach selbst hergestellt werden: Fischreste gibt es auf Nachfrage umsonst beim Fischhändler. Diese in einem Topf mit Suppengrün, Wasser und reichlich Pfeffer und Salz 45 Min. kochen und abseien.

FISCH-FRIKASSEE

30 Min.   3 bft

Reis waschen und in 1 EL Butter 2 Min. andünsten. Mit 5 Tassen Wasser begießen, Salz hinzufügen und auf kleiner Flamme ca. 25 Min. köcheln lassen, bis das Wasser verdampft ist.

Die Fischfilets in mundgerechte Stücke schneiden. Mit Zitronensaft marinieren und mit Salz sowie Pfeffer würzen. Den Lauch waschen und in feine Streifen schneiden. Die Pilze putzen und in Scheiben schneiden. Den Dill zupfen.

In einem Topf 1 EL Butter schmelzen und den Lauch anschwitzen. Das Mehl auf einen Teller geben und die Fischstücke darin mehlieren. Zum Lauch geben und mit anschwitzen. Champignons, Krabben und Dill kurz mitbraten. Mit Sahne und Weißwein kurz aufkochen. Eventuell mit etwas Mehlschwitze andicken. Mit Salz und Pfeffer abschmecken.

Mit Reis anrichten und servieren.

Zutaten:	
750 g	Fischfilet ohne Haut (z.B. Kabeljau, Rotbarsch, Lachs)
300 g	Garnelen oder Krabben
350 g	Reis (2½ Tassen)
5	Champignons
1	Lauchstange
1 Bund	Dill
½	Zitrone
2 EL	Butter
200 ml	Sahne
75 g	Mehl (1 Tasse)
125 ml	Weißwein (1 Tasse)
	Salz und Pfeffer

LACHSFILET IN ORANGEN-SHERRY-SAUCE

30 Min. 3 bft

Kartoffeln schälen und in ca. 20 Min. gar kochen.

Inzwischen Backofen auf kleiner Flamme vorheizen. Die Lachsfilets mit dem Saft der Zitrone beträufeln und mit Salz und Pfeffer würzen. Die Petersilie fein hacken. 1 EL Butter im Öl schmelzen und die Filets darin von jeder Seite 2-3 Min. braten, aus der Pfanne nehmen und im Backofen warmstellen. Den Bratensatz mit Sherry ablöschen. Fischfond oder Wasser beigeben und auf die Hälfte einkochen.

Inzwischen die Kartoffeln in 1 EL Butter schwenken und mit Petersilie bestreuen.

Am Ende den Saft der Orange zur Sauce geben und mit Salz und Pfeffer abschmecken. Noch etwas einkochen, dann die Flamme löschen. Mit dem Schneebesen kalte Butterstückchen zügig unterrühren und binden.

Den Fisch auf Tellern anrichten und mit Sauce begießen. Gemeinsam mit den Petersilienkartoffeln servieren.

Zutaten:	
6	Lachsfilets (à 160-180 g)
1,2 kg	Kartoffeln
1	Zitrone
1	Orange
½ Bund	Petersilie
2 EL	Öl
3 EL	Butter
60 ml	Sherry (½ Tasse)
125 ml	Fischfond oder Wasser (1 Tasse)
	Salz und Pfeffer

PASTA MIT TOMATEN, THUNFISCH UND OLIVEN

20 Min. | 5 bft

Pasta in Salzwasser al dente kochen.
Inzwischen zerkleinerten oder gepressten Knoblauch, Oliven, ggf. Chili in Öl anbraten. Gewürfelte Tomaten und Thunfisch hinzugeben und ggf. mit Basilikum würzen. (Falls frisches Basilikum verwendet wird, erst am Ende zugeben.) Nach wenigen Minuten mit Wein ablöschen und 5 Min. garen lassen. Mit Zitronensaft, Salz und Pfeffer abschmekken.
Mit der inzwischen al dente gekochten Pasta servieren.

Zutaten:	
600 g	Pasta
2 Dosen	Thunfisch
200 g	schwarze Oliven
8	Tomaten (frisch oder aus der Dose)
200 ml	Weißwein (1½ Tassen)
3	Knoblauchzehen
½	Zitrone
1 EL	Öl
	ggf. Basilikum
	ggf. 2 Chilischoten
	Salz, Pfeffer

PASTA MIT THUNFISCH UND PILZEN

20 Min. | 4 bft

Pasta in Salzwasser al dente kochen und im Topf warm halten.
Inzwischen Zwiebel und Knoblauch schälen und in feine Würfel schneiden. Pilze putzen und in Scheiben schneiden.
Zunächst Zwiebelwürfel in Butter und Öl andünsten. Nach ca. 3 Min. den Knoblauch ebenfalls in die Pfanne geben. Sobald Zwiebel und Knoblauch goldgelbe Farbe angenommen haben, Pilze hinzufügen. Nach 3 Min. Sahne zugießen und aufkochen. Auf kleiner Flamme köcheln lassen bis die Sauce beginnt anzudicken. Nun den zerpflückten Thunfisch, Zitronensaft und Petersilie hinzufügen. Mit Salz und Pfeffer abschmecken. Die Sauce über die Pasta geben, umrühren und servieren.

Zutaten:	
600 g	Pasta
2 Dosen	Thunfisch
200 g	Champignons
1	Zwiebel
2	Knoblauchzehen
1 EL	Zitronensaft
300 ml	Sahne
2 EL	Butter
1 EL	Olivenöl
½ Bund	Petersilie
	Salz, Pfeffer

PASTA MIT GARNELEN IN SAFRAN-SAHNE

15 Min. 5 bft

Salzwasser aufsetzen und Pasta nach Anweisung al dente kochen.

Währenddessen 1 EL Butter in Pfanne oder Topf schmelzen und Garnelen darin ca. 1 Min. andünsten. Vorsichtig salzen. Dann Weißwein und Safran hinzufügen und die Sauce ca. 5 Min. auf kleiner Flamme köcheln lassen. Sahne hinzugeben und kurz aufkochen lassen, dann noch 2 Minuten auf kleiner Flamme ziehen lassen.

Mit der Pasta servieren.

Zutaten:	
600 g	Pasta
500 g	Garnelen oder Krabben
600 ml	Sahne
1 EL	Butter
300 ml	Weißwein (2 ½ Tassen)
2 g	Safran in Fäden oder gemahlen (½ TL)
	Salz

WISSENSWERTES

Safran ist eine im vorderen Orient, v.a. im Iran violett-blühende Krokus-Art. Das süßliche und sehr aromatische Gewürz wird während der Blüte im Herbst in Handarbeit aus den dreifarbigen Stempelfäden gewonnen. Für ein Kilogramm werden 50.000 bis 200.000 Blüten und eine Anbaufläche von einem Quadratkilometer benötigt. Daher ist es verständlich, dass das Gewürz als das teuerste der Welt gilt und im Volksmund auch das ‚Gold des Orients' genannt wird.

KABELJAU-AUFLAUF MIT GEMÜSE

35 Min. 3 bft

Große Backform oder Kasserolle einfetten. Die Fischfilets waschen, trocken tupfen und mit Salz, Pfeffer sowie dem Saft der halben Zitrone würzen. In die gefettete Form legen. Das Gemüse in Würfel oder Scheiben schneiden und auf den Fisch schichten. Das Tomatenmark in einer Tasse mit ca. 3 EL Wasser mischen. Kräuter, Pfeffer sowie Salz hinzufügen und auf das Gemüse geben. Mit Wein aufgießen.

Im Backofen bei mittlerer Temperatur backen. Nach 15 Min. Käse über den Auflauf streuen und weitere 8 Min. überbacken.

Zutaten:	
1,2 kg	Kabeljau in Filets
3	Zucchini
4	Tomaten
1	Lauchstange
½	Zitrone
125 ml	Weißwein (1 Tasse)
1 EL	Tomatenmark
150 g	geriebener Käse, z.B. Gouda (2 Tassen)
1 EL	Butter
1 EL	Kräuter der Provence
	Salz und Pfeffer

VARIANTE

Grundsätzlich eignen sich für dieses Gericht diverse Gemüsesorten. Zu beachten ist lediglich, dass Gemüsesorten mit wenig eigener Flüssigkeit wie beispielsweise Mohrrüben oder Brokkoli vorgekocht werden sollten.

BOUILLABAISSE

25 Min. | 5 bft

Zwiebel und Knoblauch schälen und in kleine Würfel schneiden. Lauch putzen und in Ringe schneiden. Erst die Zwiebelwürfel in Öl in einem großen Topf erhitzen und nach 2 Min. fein gewürfelten Knoblauch sowie Lauch hinzufügen. Nach 5 Min. mit Wein ablöschen. Lorbeerblätter und Safran hinzufügen. 5 Min. köcheln lassen.
Inzwischen Fisch unter kaltem Wasser abwaschen und trocken tupfen. In etwa gleich große Stücke teilen und nach fest- und weichkochenden Sorten trennen. Muscheln gründlich säubern.
Zunächst festkochenden Fisch in den Sud geben. Weichkochenden Fisch sowie Muscheln und Krabben 4 Min. später hinzugeben und weitere 4 Min. köcheln lassen. Ggf. Wasser nachgießen, so dass der Fisch jederzeit bedeckt ist. Tomaten und Zucker zur Suppe geben. Mit Salz und Pfeffer abschmecken und Petersilie über die Suppe streuen.

Zutaten:	
450 g	Fisch (am besten 3 Sorten)
300 g	Muscheln
150 g	Krabben oder Garnelen
5	Tomaten (frisch oder aus der Dose)
3	Knoblauchzehen
1	Zwiebel
1	Lauchstange
3 EL	Olivenöl
750 ml	Weißwein
2	Lorbeerblätter
2 g	Safran (½ TL)
1 TL	Zucker
½ Bund	Petersilie
	Salz und Pfeffer

MUSCHELTOPF

20 Min. | 5 bft

Muscheln säubern und Bärte entfernen. Zwiebeln schälen und in Ringe schneiden. Knoblauch schälen und würfeln oder pressen. Zwiebeln in Butter andünsten und wenig später Knoblauch hinzugeben. Mit Wein und 500 ml Wasser ablöschen. Mit Salz und Pfeffer würzen. Muscheln hinzugeben und ca. 5 Min. kochen, bis sich die Muscheln geöffnet haben. Mit Petersilie bestreuen und servieren.

Zutaten:	
5 kg	Miesmuscheln
3	Zwiebeln
6	Knoblauchzehen
3 EL	Butter
750 ml	Weißwein (1 Flasche)
	ggf. frische Petersilie
	Salz und Pfeffer

NAVIGARE VIVERE EST

GEBRATENER FISCH MIT ROSMARINKARTOFFELN

20 Min. + 20 Min. Garzeit · 3 bft

Kartoffeln waschen und ungeschält in gleichgroße Stücke schneiden. Das Backblech mit 3 EL Butter einfetten, gewürfeltem Knoblauch darauf verteilen. Kartoffeln darauf geben und mit Rosmarin bestreuen. 35 Min. im Ofen bei mittlerer Hitze backen und währenddessen mehrfach im Fett wenden.
15 Min. vor Ende der Kochzeit Mehl, Salz und Pfeffer in einem Suppenteller mischen.
4 EL Öl in einer Pfanne erhitzen. Nun die Fischfilets im Mehl wenden und in die Pfanne geben. Von jeder Seite je nach Dicke der Filets ca. 3-5 Minuten garen. Falls nur eine Pfanne vorhanden ist, Filets in mehreren Etappen braten und im Backofen warmstellen. Nacheinander die anderen Filets ebenso panieren. Mit Zitronenscheiben und Kartoffeln servieren.

Zutaten:	
6	weiße Fischfilets (z.B. Kabeljau, Makrele oder Barsch)
1,2 kg	Kartoffeln
1	Zitrone
2	Knoblauchzehen
3 EL	Butter
4 EL	Öl
4 EL	Mehl
1 TL	Rosmarin
	Salz und Pfeffer

VARIANTE

Fisch mit Parmesan-Kruste: In einem zweiten Suppenteller 1 EL Milch, 1 Ei, 3 EL Semmelbrösel, 6 EL geriebener Parmesan, 3 EL Kräuter und 6 EL Mandelsplitter vermischen. Fisch zunächst in Mehl, dann in der Milch-Ei-Kräuter-Mischung wenden und direkt in die Pfanne geben.

TIPP

Wenn keine Semmelbrösel vorhanden sind, können diese einfach selbst hergestellt werden: Kleine Brotwürfel im Ofen backen, bis sie hart und knusprig sind. Diese nun so lange zerdrücken bis sie wie Semmelbrösel aussehen.

MARINIERTER HERING

30 Min. + Marinierzeit

3 bft

Heringfilets in eine große verschließbare Schüssel legen (alternativ in mehrere kleine verteilen). Wein, Saft von einer halben Zitrone, fein gewürfelten oder gepressten Knoblauch, sowie in Ringe geschnittene Zwiebel, Dill, Salz und Pfeffer mischen und über den Fisch geben. 4-8 Stunden kühl stellen und regelmäßig wenden, so dass der Fisch von allen Seiten mariniert wird.

Fisch entnehmen und ggf. in Etappen in Olivenöl von jeder Seite ca. 4 Min. anbraten und im Backofen warmstellen. Die Marinade erhitzen und als Sauce zum Fisch reichen.

Mit Brot, Reis oder Kartoffeln servieren.

Zutaten:	
12	Heringfilets
175 ml	Weißwein
½	Zitrone
½	Zwiebel
3	Knoblauchzehen
½ Bund	Dill
3 EL	Olivenöl
	Salz und Pfeffer
	Brot, Reis oder Kartoffeln als Beilage

VARIANTE

Mit dieser Marinade können diverse fette Salzwasserfische mariniert werden. Z.B. Thunfisch, Makrele, Red Snapper, Lachs, Kabejau.

DORADEN AUS DEM BACKOFEN

15 Min. + 50 Min. Garzeit | 3 bft

Fische gründlich waschen, ggf. ausnehmen und Flossen entfernen.

Kasserolle mit Butter fetten und Fische nebeneinander hineinlegen. Zwiebeln schälen, in Scheiben schneiden und auf die Fische verteilen. Tomaten und Zitronen in Scheiben schneiden und auf die Fische legen. Die Petersilie fein hacken und ebenfalls auf die Fische verteilen. Mit Salz und Paprika bestreuen.

Die Fische im Backofen 40 Min. auf mittlerer Temperatur backen. Dann auf hoher Temperatur nochmal 10-15 Min. grillen. (Ggf. und falls vorhanden mit Alufolie abdecken.)

Mit Brot, Reis oder Kartoffeln servieren.

VARIANTE

Für dieses Gericht eignet sich jeder Salzwasserfisch.

Zutaten:	
6	Doraden (jeweils ca. 400 g)
3	Tomaten
2	Zitronen
2	Zwiebeln
2 EL	Butter
1 TL	Paprikapulver
½ Bund	Petersilie
	Salz und Pfeffer
	Brot, Reis oder Kartoffeln als Beilage

HAUPTSPEISEN

SCHWEINESTEAK MIT BIRNE UND GORGONZOLA

30 Min. 2 bft

Reis waschen und kurz in Butter andünsten. 6 Tassen Wasser und etwas Salz hinzufügen. Auf kleiner Flamme köcheln lassen, bis alle Flüssigkeit verdampft ist.

Backofen auf großer Flamme vorheizen. In einer Schüssel die halbe Menge des Gorgonzolas mit der Hälfte der Sahne zu einer dicken Paste verarbeiten. Mit Salz, Pfeffer und Muskat abschmecken.
Das Fleisch waschen, trockentupfen und mit Salz sowie Pfeffer würzen. In einer Pfanne das Öl erhitzen und die Steaks nacheinander kurz von beiden Seiten scharf anbraten, so dass das Fleisch nicht ganz durchgebraten ist.

Fleisch aus der Pfanne nehmen und in eine flache Auflaufform oder auf ein Backblech legen. Die Birnenhälften fächerförmig einschneiden und auf die Fleischstücke legen. Käsepaste darüber verteilen und im Backofen 10-15 Min. überbacken.
Inzwischen Knoblauch fein hacken und mit Milch sowie der restlichen Sahne aufkochen. Den übrigen Käse darin auflösen und bei milder Hitze 10 Min. köcheln lassen. Mit Salz, Pfeffer und Muskat abschmecken.

Die fertigen Schweinesteaks mit der Käsesauce zum Reis servieren.

Zutaten:

1,2 kg	Schweinesteak (6 Steaks aus Rücken oder Keule à 200 g)
350 g	Reis (3 Tassen)
1 Dose	Birnenhälften
400 g	Gorgonzola
250 ml	Sahne
250 ml	Milch (2 Tassen)
1	Knoblauchzehe
2 EL	Öl
1 EL	Butter
1 Msp.	Muskatnuss
	Salz und Pfeffer

SCHINKENNUDELN

15 Min. 5 bft

Die Nudeln in Salzwasser al dente kochen.

Inzwischen den Schinken in Streifen oder Würfel schneiden. In einer Pfanne das Fett erhitzen und den Schinken kurz anbraten.

Die Nudeln abgießen und in den Topf zurück geben. Den angebratenen Schinken unterrühren. Die Eier verquirlen und mit Salz, Pfeffer und Paprika würzen. Die Eiermasse über die Nudeln geben und unter Rühren goldgelb braten.

Zutaten:	
600 g	Nudeln
6	Eier
250 g	Kochschinken (8 Scheiben)
2 EL	Butter
½ TL	Paprika (edelsüß)
	Salz und Pfeffer

PELLKARTOFFELN MIT KRÄUTERQUARK

30 Min. 5 bft

Die Kartoffeln mit Schale in ca. 25 Min. gar kochen.

Inzwischen den Quark mit Sahne verrühren und mit Salz sowie Pfeffer abschmecken. Zwiebel und Schnittlauch klein schneiden, Petersilie klein hacken und alles unter den Quark rühren.

Die Kartoffeln schälen und mit Kräuterquark servieren.

Es können übrigens auch andere Kräuter verwendet werden, z.B. Dill, Estragon, Basilikum, Thymian.

Zutaten:	
1,5 kg	Kartoffeln
1 Bund	Schnittlauch
1 Bund	Petersilie
1	Zwiebel
1 kg	Magerquark
125 ml	Sahne
	Salz und Pfeffer

KESSELGULASCH MIT SEMMELKNÖDEL

60 Min. + 70 Min. Garzeit | 3 bft

Das Fleisch grob würfeln. Die Zwiebeln in Streifen schneiden. Im Schmortopf das Öl erhitzen und die Zwiebeln glasig anbraten. Fleisch dazu geben, mit Tomatenmark anbraten und mit Paprika bestäuben. Mit Wein ablöschen und mit 1,5 l Wasser auffüllen. 1 TL Salz hinzufügen und im zugedeckten Topf etwa 2 Std. weichschmoren.

Nach 70 Min. die Semmelknödel zubereiten: Das Brot in dünne Scheiben schneiden und in eine Schüssel legen. Die Milch mit der Butter aufkochen. Über das Brot geben und 20 Min. einweichen (bei frischem Weißbrot nur die halbe Menge Milch). Die Eier verquirlen und dazugeben. Die Petersilie hacken und ebenfalls dazugeben. Zusammen mit dem Mehl zu einem Teig verkneten. Mit Salz und Muskat würzen. In einem hohen Topf Wasser erhitzen und salzen. Mit nassen Händen die Knödel formen und im siedenden Wasser 20 Min. ziehen lassen.

Zum Gulasch ca. 20 Min. vor dem Ende der Garzeit Knoblauch, Kümmel und Zitronenschale sowie Majoran und Thymian geben. Am Ende nochmals mit Salz und Pfeffer abschmecken.

Zutaten:	
1 kg	Rindfleisch (oder Schweinefleisch)
1½	altbackene Baguettes oder Toastbrot
5	Zwiebeln
1 TL	geriebene Zitronenschale
3	Knoblauchzehen
3 EL	Tomatenmark
1 l	Milch (8 Tassen)
6	Eier
1 EL	Butter
250 ml	Rotwein (2 Tassen)
3 EL	Öl
1 Bund	Petersilie
1TL	Majoran
½ TL	Thymian
1 EL	Paprika (edelsüß)
1 EL	Kümmel
1 Msp.	Muskat, gerieben
100 g	Mehl (1 Tasse)
	Salz und Pfeffer

KARTOFFEL-GEMÜSE-PFANNE

40 Min. 3 bft

Kartoffeln schälen, in Scheiben schneiden und auf ein gebuttertes Backblech legen. Auf großer Flamme im Backofen ca. 40 Min. unter mehrmaligem Wenden knusprig backen.

20 Min. vor Ende der Backzeit Paprika würfeln und das Öl in einer Pfanne erhitzen. Paprika darin anbraten. Nun nacheinander in Scheiben geschnittene Zucchini und in Ringe geschnittene Lauchzwiebeln dazugeben. Alles kurz anbraten und mit 2-3 EL Wasser bissfest dünsten. Dann Tomaten vierteln, dazugeben und kurz erhitzen. Mit Salz, und Pfeffer abschmecken.

Die Kartoffeln, den gewürfelten Mozzarella sowie Basilikum in Streifen unterheben, heiß werden lassen und nochmals abschmecken.

Zutaten:	
1,5 kg	Kartoffeln
3	Paprika
1 Bund	Lauchzwiebeln
4	Tomaten
2	Zucchini
2	Mozzarella
3 EL	Butter
3 EL	Öl
½ Bund	Basilikum
	Salz und Pfeffer

BULGUR-BRATLINGE IN KAPERNSAUCE MIT GRILLTOMATE

20 Min. + 20 Min. Quellzeit

3 bft

3 Zwiebeln würfeln und in einem Topf mit 1 EL Öl glasig anschwitzen. Den Bulgur dazugeben und kurz mitbraten. Gemüsebrühe zugeben, kurz aufkochen lassen und anschließend zugedeckt bei schwacher Hitze ca. 20 Min. quellen lassen.

Inzwischen die Haut der Tomaten oben kreuzweise einschneiden und die Ecken etwas auseinander drücken. Mit Thymian, Salz und Pfeffer bestreuen und wenigen Tropfen Öl beträufeln. Im Backofen ca. 10 Min. backen.

Den Bulgur nach dem Quellen in eine Schüssel geben und etwas auskühlen lassen. Dann den Schafskäse zerkleinern und die Petersilie hacken und zusammen mit Eiern und 2 EL Mehl unter den Bulgur mischen. Mit Salz und Pfeffer abschmecken, Bratlinge formen und in Öl braten. Im Backofen warmhalten.

Für die Sauce eine Zwiebel in kleine Würfel schneiden und in einem Topf in Butter anschwitzen. Kapern abtropfen lassen und kurz mitschwitzen lassen. 1 EL Mehl dazugeben und mit der Butter verrühren. Mit Wein ablöschen und mit Milch auffüllen, Lorbeerblatt zugeben und unter Rühren ca. 5 Min. kochen. Mit Salz und Pfeffer abschmecken.

Alles gemeinsam servieren.

Zutaten:

500 g	Bulgur
6	Tomaten
4	Zwiebeln
50 g	Kapern
100 g	Schafskäse
3	Eier
¾ l	Milch (6 Tassen)
2 EL	Butter
5 EL	Öl
1 l	Gemüsebrühe (8 Tassen)
125 ml	Weißwein (1 Tasse)
3 EL	Mehl
½ Bund	Petersilie
1	Lorbeerblatt
½ TL	Thymian
	Salz und Pfeffer

LAMMGULASCH MIT GEMÜSE-COUSCOUS

30 Min. + 30 Min. Garzeit + Marinierzeit — 3 bft

Lammfleisch in 2,5 cm große Würfel schneiden. Idealerweise mit 4 EL Olivenöl und 3 EL Essig mind. 2 Std. marinieren. Alternativ direkt anbraten. Das Fleisch gut abtropfen lassen. Zwiebeln in Streifen schneiden. In einem Schmortopf 3 EL Olivenöl erhitzen und das Fleisch nach und nach scharf anbraten. Die Hitze etwas reduzieren und die Zwiebeln dazugeben. Paprikagewürz und Tomatenmark ebenfalls dazugeben, die Hitze erhöhen und mit Rotwein ablöschen, mit 1 l Wasser auffüllen und Lorbeerblatt zufügen. Bei mittlerer Hitze ca. 50 Min. schmoren.
20 Min. vor Ende der Kochzeit den Gemüse-Couscous zubereiten: Den Couscous in eine Porzellanschüssel geben. 2 EL Butter und Salz zufügen und mit 6 Tassen kochendem Wasser begießen. Etwa 10 Min. zugedeckt quellen lassen. Inzwischen das Gemüse in einer Pfanne andünsten: Nacheinander kleingeschnittene Mohrrüben, Paprika, Zucchini, Frühlingszwiebeln und Tomaten in 1 EL Butter dünsten bis das Gemüse gar ist. Mit Salz und Pfeffer würzen.
Dem Lammgulasch im letzten Kochdrittel gehackten Knoblauch, Majoran und Oregano zufügen. Mit Salz und Pfeffer abschmecken.
Das Gemüse unter den Couscous mischen und zum Lammgulasch servieren.

Zutaten:	
1 kg	Lammfleisch (Keule oder Bug)
750 g	Couscous (6 Tassen)
5	Zwiebeln
1 Bund	Frühlingszwiebeln
3	Mohrrüben
2	Tomaten
1	Paprika
1	Zucchini
3	Knoblauchzehen
3 EL	Butter
7 EL	Olivenöl
3 EL	Essig
2 EL	Tomatenmark
300 ml	Rotwein (2½ Tassen)
1 TL	Paprika (edelsüß)
1	Lorbeerblatt
1 TL	Majoran
½ TL	Oregano
	Salz und Pfeffer

TIPP

Mit der beschriebenen Marinade kann Lammfleisch mehrere Tage haltbar gemacht werden.

KALBSGESCHNETZELTES MIT KÄSEKARTOFFELN

40 Min. + 25 Min. Garzeit

3 bft

Kartoffeln waschen und in Salzwasser ca. 25 Min. gar kochen. Pellen und in 1 cm dicke Scheiben schneiden. Eine Auflaufform mit EL Butter einfetten und die Kartoffeln einschichten. Mit Salz und Pfeffer würzen und mit geriebenem Käse bestreuen. 1 EL Butter in kleinen Flocken auf den Kartoffeln verteilen und 15 Min. im Backofen auf großer Flamme überbacken.

Inzwischen das Kalbsgeschnetzelte zubereiten: Die Zwiebeln klein würfeln. Champignons putzen und blättrig schneiden. In einer großen Pfanne Öl erhitzen, das Fleisch gar braten, aus der Pfanne nehmen und in eine Schüssel legen. Im verbleibenden Öl die Zwiebelwürfel anschwitzen, die Champignons hinzufügen und mitschwitzen, bis alle Flüssigkeit verdampft ist. Mit dem Wein und der Sahne aufgießen. 2-3 Min. kochen. 1 EL kalte Butter mit dem Mehl verkneten und portionsweise unterrühren bis die Sauce sämig wird. Mit Salz und Pfeffer abschmecken. Das Fleisch mit seinem Saft unter die Sauce mischen und das Geschnetzelte nochmals etwas erwärmen, aber nicht kochen.

Mit den Käsekartoffeln servieren.

Zutaten:	
900 g	Kalbsfleisch (Unterschale oder Keule)
1,5 kg	Kartoffeln
450 g	Champignons
2	Zwiebeln
3 EL	Butter
1 EL	kalte Butter
150 g	geriebener Käse z.B. Gouda (2 Tassen)
300 ml	Sahne
4 EL	Öl
125 ml	Weißwein (1 Tasse)
2 EL	Mehl
	Salz und Pfeffer

ZWIEBELROSTBRATEN MIT KARTOFFELGRATIN

35 Min. 2 bft

Kartoffeln schälen und in dünne Scheiben schneiden. Eine Auflaufform mit der Knoblauchzehe ausreiben und buttern. Kartoffelscheiben einschichten und mit Salz, Pfeffer und Muskat würzen. Den Mozzarella würfeln und über den Kartoffeln verteilen. Milch und Sahne angießen und 25 Min. im Backofen garen.

In der Zwischenzeit den Zwiebelrostbraten zubereiten:
Das Fleisch mit dem Handballen klopfen und an den Rändern einschneiden. In wenig Öl bei mittlerer Hitze nach und nach beidseitig braten. Fleisch warm stellen und austretenden Saft auffangen. Im in der Pfanne verbliebenen Fett die Zwiebeln in Ringen anbraten und ebenfalls warm stellen. In derselben Pfanne das verbliebene Fett mit dem Rotwein und 1 Tasse Wasser lösen und aufkochen. Mit Salz, Pfeffer und Brühe abschmecken. Den Fleischsaft dazu geben und mit einem Schneebesen kleine, kalte Butterstückchen unterschlagen. Ggf. mit Mehlschwitze andicken. Das Fleisch mit Salz und Pfeffer würzen, mit Röstzwiebeln garnieren und in der Sauce mit Kartoffelgratin servieren.

Zutaten:	
6	Rostbratenschnitzel (Rumpsteaks à 180 g)
1,5 kg	Kartoffeln
4	Zwiebeln
1	Knoblauchzehe
150 ml	Rotwein (1 Tasse)
200 g	Mozzarella
200 ml	Sahne
½ l	Milch (4 Tassen)
2 EL	Butter
1 EL	Mehl
1 Msp.	Muskat (gemahlen)
1 TL	Gemüsebrühe
	Salz und Pfeffer

SCHWEINEMEDAILLONS IN KÜMMELSAUCE

35 Min. Hafen

Nudeln in kochendem Wasser al dente kochen.

Inzwischen die Schweinefilets in gleich große Stücke schneiden und mit dem Handballen flach drücken. Das Öl in einer Pfanne erhitzen und die Medaillons kurz von beiden Seiten anbraten. Aus der Pfanne nehmen und im Backofen warmstellen.

Das Bratfett abgießen und mit Butter den Bratensatz lösen. Gewürfelte Zwiebel, gehackten Knoblauch und Kümmel anschwitzen, mit Mehl bestäuben, 1 Tasse Wasser und Sahne dazu geben und 2 Min. kochen. Mit Salz, Pfeffer und Brühe abschmecken. Die gebratenen Fleischstücke einsetzen. Kurz aufkochen und mit den Nudeln servieren.

Zutaten:	
900 g	Schweinefilet (18 Medaillons à 50 g)
600 g	Nudeln
1	Zwiebel
1	Knoblauchzehe
2 EL	Öl
2 EL	Butter
125 ml	Sahne
1 EL	Mehl
1 TL	Brühe
1 TL	Kümmel
	Salz und Pfeffer

NAVIGARE VIVERE EST

KÄSESPÄTZLE

20 Min. 5 bft

Zutaten:

1 kg	Eierspätzle
6	Zwiebeln
300 g	geriebener Käse, z.B. Emmentaler (4 Tassen)
70 ml	Milch oder Sahne (½ Tasse)
4 EL	frische Kräuter (Petersilie oder Basilikum)
	Salz

Spätzle al dente kochen.

Inzwischen Zwiebeln schälen und in Pfanne mit Öl goldbraun braten. Kräuter schneiden. Spätzle abgießen und in Topf zurückgeben.

Nun nacheinander in mehreren Etappen eine Lage Nudeln, gebratene Zwiebeln, Käse, Milch oder Sahne sowie Kräuter übereinander schichten und am Ende umrühren.

TIPP

Die Spätzle aus selbst gemachtem Teig sind natürlich zeitaufwändiger, aber eine schwäbische Spezialität, mit der man seine Crew bestimmt beeindrucken kann.

500 g Mehl, 4 Eier und ¼ l Wasser zu einem zähen Teig schlagen bis er Blasen wirft. Etwa 2 EL Teig in einer dünnen Schicht auf ein nasses Brett streichen und mit einem nassen Messer dünne Teigröllchen ins Wasser schaben. Die Spätzle, sobald sie im Topf an die Oberfläche steigen (nach ca. 1 Min.) aus dem Wasser nehmen und in einer vorgewärmten Schüssel oder im Backofen warmhalten bis der gesamte Teig portionsweise zu Spätzle verarbeitet ist.

COQ AU VIN

20 Min. + 45 Min. Garzeit — 4 bft

Hühnerschenkel waschen und trocken tupfen. Mit Salz und Pfeffer würzen. In Butter goldgelb anbraten und nach ca. 10 Min. mit Wein ablöschen.

Die Hälfte der Zwiebeln in Ringen und Lorbeerblätter zugeben.

Champignons putzen, in Scheiben schneiden und zum Fleisch geben. Zugedeckt 45 Min. schmoren lassen. Am Ende die übrigen Zwiebeln zugeben und kurz erhitzen.

Mit Brot oder Reis servieren.

Zutaten:	
6	Hühnerschenkel
200 g	Champignons
1 Bund	Frühlingszwiebeln
4 EL	Butter
750 ml	Rotwein (6 Tassen)
2	Lorbeerblätter
	Salz und Pfeffer
	Brot oder Reis als Beilage

WISSENSWERTES

Dieses französische Nationalgericht wird in vielen Varianten angeboten. Allen gemeinsam ist die Zubereitung von Geflügel in Wein. Die Benennung erfolgt häufig nach der Weinbauregion. Neben der häufigsten Zubereitungsart, dem ‚Coq au vin de Bourgogne', der mit Burgunder zubereitet wird, und diversen anderen Rotwein-Varianten, ist auch der ‚Coq au Riesling' eine Spezialität: Diese elsässische Variante wird mit weißem Wein zubereitet.

PASTA MIT TOMATEN-AUBERGINEN-SAUCE

30 Min. 5 bft

Auberginen würfeln und in Öl bei mittlerer Hitze ca. 8 Min. anbraten. Knoblauch und Zwiebeln würfeln und hinzufügen. Sobald diese anfangen braun zu werden, Tomaten und Essig hinzufügen. Mit Salz, Pfeffer und (am besten frischem) Basilikum würzen und ca. 15 Min. garen lassen.

In dieser Zeit Pasta al dente kochen.

Am Ende gewürfelten Mozzarella in der Sauce schmelzen, Nudeln unterrühren und servieren.

Zutaten:	
600 g	Pasta
2	Auberginen
1 kg	Tomaten (frisch oder aus der Dose)
2	Zwiebeln
4	Knoblauchzehen
300 g	Mozzarella
4 EL	Essig (ideal ist Balsamico)
3 EL	Öl
	Basilikum
	Salz und Pfeffer

WISSENSWERTES

Auberginen stammen ursprünglich aus Asien und werden dort seit über 4.000 Jahren kultiviert. Auch heute noch sind China und Indien die führenden Auberginen-Produzenten, obwohl die Frucht auch in Spanien, Italien, der Türkei und sogar in Deutschland gedeiht.
Sehr häufig wird die Aubergine vor der Zubereitung gesalzen, um Feuchtigkeit und Bitterstoffe zu entziehen.

KARTOFFELAUFLAUF MIT GEMÜSE

30 Min. 3 bft

Kartoffeln schälen und in etwa gleich große Würfel schneiden. Gemüse säubern. Mohrrüben in Scheiben schneiden und Brokkoli in mundgerechte Stückchen teilen. Die Kartoffelstückchen in einem Topf mit Salzwasser zum Kochen bringen und insg. ca. 10 Min. vorkochen. 4 Minuten, nachdem die Kartoffeln angefangen haben zu kochen, können die Mohrrüben hinzugefügt werden, der Brokkoli nach weiteren 3 Min.

Inzwischen in einer Schüssel gewürfelten Knoblauch, Sahne, Milch und Eier verrühren. Mit Kräutern, Salz und Pfeffer würzen.
Das noch bissfeste Gemüse abgießen und in eine Auflaufform schichten. Sauce darüber gießen und mit dem geriebenen Käse bestreuen. 10 Min. auf mittlerer Flamme backen.

Zutaten:	
1 kg	Kartoffeln
300 g	Brokkoli
4	Mohrrüben
2	Knoblauchzehen
200 ml	Sahne
100 ml	Milch (¾ Tasse)
2	Eier
200 g	geriebener Käse, z.B. Gouda (2 ½ Tassen)
1 EL	Kräuter der Provence
	Salz und Pfeffer

VARIANTE

Wenn kein Brokkoli verfügbar ist, sind Bohnen oder Lauch leckere Alternativen.

PASTA MIT GORGONZOLA-SAUCE

15 Min. 6 bft

Pasta in Salzwasser al dente kochen. Inzwischen Gorgonzola in 1 EL Butter in einem kleinen Topf schmelzen lassen. Sahne unterrühren und die Sauce kurz aufkochen lassen. Auf kleiner Flamme mit Salz, Pfeffer und ggf. Salbei abschmecken.

Sauce auf die warmen Nudeln geben und servieren.

Zutaten:	
600 g	Pasta
300 g	Gorgonzola
200 ml	Sahne
1 EL	Butter
	ggf. Salbei
	Salz und Pfeffer

MARINIERTER BROKKOLI MIT NUDELN

20 Min. 3 bft

Nudeln in Salzwasser al dente kochen. Brokkoli putzen, in Röschen teilen und in Salzwasser in ca. 5 Min. bissfest garen, abgießen und warmhalten.

Für die Marinade Zwiebeln, Knoblauch und Ingwer klein würfeln und in Öl kurz anschwenken. Zucker, Sojasauce und Essig dazugeben und kurz aufkochen.

Pasta und Brokkoli auf Teller anrichten und Marinade darüber geben.

Zutaten:	
500 g	Pasta
750	Brokkoli
2	Zwiebeln
5	Knoblauchzehen
3 EL	gewürfelter Ingwer
5 EL	Öl
3 EL	Zucker
125 ml	Sojasauce (1 Tasse)
2 EL	Essig
	Salz

ANEKDOTE

Mariniert wurden Speisen früher in Meerwasser oder Salzlake, um sie insbesondere für Seereisen haltbar zu machen. Namensgebend für diese Konservierungsmethode ist das französische „mariné“, was im Deutschen „in Meerwasser eingelegt“ bedeutet.

RATATOUILLE

25 Min. 4 bft

Zwiebel und Knoblauch in kleine Würfel schneiden und in einer Pfanne mit Öl anbraten. Wenn Sie anfangen goldgelbe Farbe anzunehmen, erst gewürfelte Aubergine und nach ca. 4 Min. in Scheiben geschnittene Zucchini hinzufügen. Nach weiteren 5 Min. gewürfelte Tomaten dazugeben. Sobald die Tomaten erhitzt sind, mit Wein ablöschen und mit Salz, Pfeffer sowie Zucker abschmecken. Ca. 10 Min. köcheln lassen.

Mit Brot, Reis oder Nudeln servieren.

Zutaten:	
8	Tomaten
3	Zucchini
1	Aubergine
1	Zwiebel
4	Knoblauchzehen
150 ml	Wein (1 Tasse, weiß oder rot)
1 TL	Zucker
4 EL	Olivenöl
	Salz und Pfeffer
	Brot, Reis oder Nudeln als Beilage

VARIANTE

Ratatouille ist ein klassisches Resteessen und kann auf vielerlei Art variiert werden. Wer mag, kann Fischfilets, Steaks oder Koteletts dazu braten. Auch lecker ist es, wenn man noch vor dem Gemüse Hackfleisch in Zwiebeln und Knoblauch anbrät. Als Gemüse können natürlich auch andere Gemüsesorten wie Bohnen, Mais oder Paprika verwendet werden.

GEFÜLLTE AUBERGINEN

10 Min. + 25 Min. Garzeit — 3 bft

Auberginen waschen und halbieren. Die Auberginenschale mit der Gabel oder dem Messer einstechen, damit Feuchtigkeit und Aroma einziehen kann. Mit einem Löffel eine kleine Mulde in die Auberginenhälften höhlen und in eine Auflaufform legen.
Nun Zwiebel- und Tomatenscheiben auf die Auberginen schichten. Mit einer Peperoni belegen. Gemüsebrühe einfüllen und den Knoblauch in Scheiben in die Brühe legen. Im Ofen auf mittlerer Hitze 25 Min. garen. Sobald die Auberginen weich sind aus dem Ofen nehmen.
Warm oder kalt mit Joghurt und Brot servieren.

Zutaten:	
3	Auberginen
6	Tomaten
6	Peperoni
3	Zwiebeln
4	Knoblauchzehen
250 ml	Gebmüsebrühe
500 ml	Naturjoghurt
	Brot als Beilage

VARIANTE

Je nach Geschmack können auch Zucchini verwendet werden. Zucchini halbieren, wie oben belegen und dann in einer zugedeckten Pfanne mit Wasser ca. 15 Minuten garen.

ANEKDOTE

Dieses Auberginen-Gericht ist in der Türkei sehr beliebt und heißt Imam bayıldı. Übersetzt heißt das „Den Imam hat es umgehauen". Der Sage nach fand der Imam das Gericht so lecker, dass er so viel davon gegessen hat, dass er ohnmächtig geworden ist.

LAMMPILAW

30 Min. + 20 Min. Garzeit | 4 bft

Das Fleisch in gulaschgroße Stücke schneiden. Zwiebeln schälen und fein würfeln. Butter in einem großem Topf erhitzen und Zwiebeln andünsten. Sobald die Zwiebeln anfangen bräunliche Farbe anzunehmen, Fleisch hinzugeben und je nach Größe der Fleischstücke 5-10 Min. anbraten.

Inzwischen die Tomaten waschen und würfeln. Zum Fleisch geben und weitere 10 Min. dünsten. 0,75 l Wasser zugießen und aufkochen. Den Reis sowie Salz hinzufügen und gut unterrühren. Nun ca. 20 Min. auf kleiner Flamme köcheln bis die Feuchtigkeit verdampft ist. Mit Pfeffer abschmecken, ggf. frischen Dill darüberstreuen und servieren.

Zutaten:	
1 kg	Lammschulter
400 g	Reis (3 Tassen)
3	Tomaten
3	Zwiebeln
3 EL	Butter
	ggf. Dill
	Salz und Pfeffer

TIPP

Wie Lammfleisch durch Marinieren mehrere Tage haltbar gemacht werden kann, ist im Rezept für Lammgulasch auf Seite 147 nachzulesen.

GEFÜLLTE PAPRIKA

30 Min. 4 bft

Zutaten:	
300 g	Reis (2¼ Tassen)
6	gleichfarbige Paprika
4	Tomaten
1	Zwiebel
3	Knoblauchzehen
½ l	Gemüsebrühe
	Salz und Pfeffer
	Joghurt und Brot als Beilage

Zwiebeln und Knoblauch schälen, in feine Würfel schneiden und in eine Schüssel geben. Tomaten würfeln und hinzufügen. Mit Salz und Pfeffer abschmecken. Ungekochten Reis untermengen.

Nun die Paprika vorbereiten: Das Ende mit dem Stilansatz am Stück abschneiden und Kerne entfernen. Die Paprika nacheinander mit der Tomaten-Reis-Masse füllen und in einem Topf nebeneinander aufstellen, so dass sie beim Kochen nicht umfallen können. Die Paprika-Enden auf die gefüllten Paprika legen.

Brühe seitlich in den Topf gießen, so dass der Reis nicht aus den Paprika gespült wird. Kurz aufkochen und dann bei mäßiger Hitze ca. 20 Min. garen bis der Reis gar ist.

Mit Joghurt und Brot servieren.

VARIANTE

Wer gerne Fleisch isst, kann statt Reis auch 400 g Hackfleisch verwenden. Dieses muss dann allerdings vorher angebraten und gewürzt werden. Anschließend mit Tomaten und Zwiebeln vermengen und in die Paprika füllen.

CHILI CON CARNE

30 Min. 6 bft

Zwiebel schälen und würfeln. In einer großen Pfanne andünsten. Wenn Sie anfangen bräunliche Farbe anzunehmen, das gewürfelte Rindfleisch hinzufügen und kräftig anbraten. Mit Salz und Pfeffer würzen.

Gehackte und passierte Tomaten sowie Paprika hinzufügen und ca. 10 Min. köcheln lassen. Chilischote entkernen, so fein wie möglich schneiden und in den Topf geben. Bohnen hinzufügen und weitere 5 Min. köcheln lassen. Dann Mais hinzugeben und nochmal 5 Min. köcheln lassen.

Mit Brot oder Reis servieren.

Zutaten:	
1 kg	gewürfeltes Rindfleisch
2	Paprika
1	Zwiebel
400 g	gehackte Tomaten (Dose)
200 g	passierte Tomaten (alternativ mit Wasser verdünntes Tomatenmark
1 Dose	Kidneybohnen
1 Dose	Mais
1	Chilischote
	Salz und Pfeffer
	Brot oder Reis als Beilage

VARIANTE

Dieses Gericht kann auch fleischlos zubereitet werden. Beim ‚Chili sin Carne‘ oder ‚Chili non Carne‘ wird entweder das Fleisch weggelassen oder durch Soja oder Tofu ersetzt.

GEMÜSE-CURRY MIT ANANAS UND CASHEWS

25 Min. — 5 bft

Reis aufsetzen und bissfest garen.

Mohrrüben und Paprika in Streifen schneiden. Champignons in Scheiben schneiden, den Brokkoli in kleine Röschen zerteilen. Frühlingszwiebeln in ca. 5 cm lange Stücke schneiden. In einer Pfanne das Öl erhitzen und zunächst die Cashews etwas rösten, dann nacheinander Möhren, Paprika und Champignons dazugeben.

Ingwer, Knoblauch und Chili feinhacken und zum Gemüse geben. Die Ananasstücke und den Brokkoli kurz mitrösten. Dann die Kokosmilch angießen. Zuletzt die Frühlingszwiebeln hineingeben und alles auf kleiner Flamme ca. 5 Min. dünsten. Falls die Sauce zu dünn ist mit Mehl oder Stärke andicken. Mit Salz und Curry abschmecken.

Mit dem Reis servieren.

Zutaten:	
300 g	Reis (2¼ Tassen)
1 Bund	Frühlingszwiebeln
3	Paprika
5	Mohrrüben
250 g	Champignons
300 g	Brokkoli
5	Ananasscheiben
3	Knoblauchzehen
1	Chilischote
2 TL	frischer, gehackter Ingwer
100 g	Cashewkerne (1 Tasse)
3 EL	Öl
½ TL	Curry
1 Dose	Kokosmilch
1 EL	Mehl oder Stärke
	Salz

VARIANTE

Wer gern Fleisch ist, kann auch Putenschnitzel in Streifen schneiden und vor dem Zugeben des Gemüses mitanbraten. Alternativ zu Reis passen auch Couscous oder Nudeln sehr gut.

SÜSSE SPEISEN

NAVIGARE VIVERE EST

APFELGRATIN

10 Min. +
20 Min. Backzeit

3 bft

Äpfel schälen, halbieren, entkernen und fächerförmig einschneiden. In eine gefettete feuerfeste Form geben. Eier und Sahne miteinander verquirlen und auf die Äpfel gießen. Zimt und Zucker mischen und auf die Äpfel streuen.

Auf jeden Apfel ein Butterflöckchen setzen und im Backofen auf großer Flamme ca. 20 Min. backen.

Zutaten:	
3	große Äpfel
4	Eier
200 ml	Sahne
½ EL	Butter
2 EL	Zucker
1 Prise	Zimt

WISSENSWERTES

Der Apfel zählt zu den Rosengewächsen und ist mit seinen über 20.000 Sorten das mit Abstand vielfältigste Obst. Allerdings sind in Deutschland nur 60 Sorten wirtschaftlich relevant.

Als Heilpflanze wurde der Apfel schon im 8. Jahrhundert vor Christus erwähnt. Neben der abführenden und keimtötenden Wirkung macht ihn der hohe Gehalt an Vitamin C, der bei der Winterlagerung nur allmählich zurückgeht, zu einem überaus gesunden Energiespender. Bei regelmäßigem Verzehr soll er Herz-, Kreislauf- und Krebserkrankungen vorbeugen. Die medizinisch erwiesene Wirkung kann übrigens auch mit naturtrübem Apfelsaft erreicht werden.

APFEL-PFLAUMEN-CRUMBLE

10 Min. + 40 Min. Backzeit | 4 bft

Äpfel schälen, halbieren und in dünne Scheiben schneiden. In einer gebutterten Auflaufform verteilen und mit Zitronensaft beträufeln. Die Pflaumen halbieren, entsteinen und mit der Hautseite nach unten auf die Äpfel legen. Den Zimt mit 2 Tassen Zucker vermischen und auf das Obst streuen. Mit Rum beträufeln.
Mehl, 1 Tasse Zucker und Butter mit den Händen zu Streuseln kneten. Die Streusel auf dem Auflauf verteilen.
Im Backofen bei hoher Temperatur etwa 30-40 Min. backen und je nach Wunsch mit geschlagener Sahne servieren.

Zutaten:	
4	Äpfel
12	Pflaumen oder Zwetschgen
1	Zitrone
200 g	Mehl (4 Tassen)
300 g	Zucker (3 Tassen)
1 EL	Zucker
100 g	Butter
½ TL	Zimt
2 EL	Rum
	ggf. Sahne

MILCHREIS MIT APFELKOMPOTT

30 Min. | 4 bft

Äpfel schälen, Kerngehäuse entfernen und in kleine Stücke schneiden. Im Topf mit Weißwein oder Wasser und 2 EL Zucker, Zimt und ggf. Nelken auf kleiner Flamme weich dünsten. Anschließend abkühlen lassen.
Inzwischen die Butter in einem Topf zerlassen und den Reis kurz darin andünsten. Milch tassenweise dazugeben. 3 EL Zucker und Vanillezucker unterrühren und insg. ca. 17 min. auf kleiner Flamme köcheln lassen bis der Reis cremig ist, aber im Kern noch ein bisschen Biss hat.
Den Reis in Schälchen verteilen, Apfelmus darüber geben und servieren.

Zutaten:	
300 g	Milch- oder Risottoreis
5	Äpfel
375 ml	Wasser oder Weißwein
2 EL	Butter
1 l	Milch
5 EL	Zucker
1 Pkg.	Vanillezucker
½ TL	Zimt
ggf. 3	Nelken

MÜSLIRIEGEL

15 Min. + 45 Min. Backzeit — 3 bft

Die Müsliflocken mit 1 Tasse kaltem Wasser einweichen und quellen lassen, bis alles aufgesogen ist. Butter, Zucker und Eier mit dem Schneebesen in einer Rührschüssel schaumig schlagen. Honig, Salz und Zimt dazugeben. Mehl mit Backpulver mischen und einrühren. Zitronenschale dazu reiben und alles mit den Müsliflocken verrühren.

Müslimischung ca. 1 cm dick auf ein gefettetes Backblech streichen.

Im Backofen auf mittlerer Flamme 45 Min. backen. Noch warm in Riegel schneiden und abkühlen lassen.

Zutaten für 12 Stück:

400 g	Früchtemüsli
1 TL	geriebene Zitronenschale
75 g	Butter
4	Eier
4 EL	Zucker
150 g	Honig (1 Tasse)
1 TL	Salz
4 EL	Mehl
½ TL	Backpulver
1 TL	Zmt

TIPP

Bei kühler Lagerung in einer verschließbaren Dose bleiben die Riegel 2-3 Wochen frisch.

PFIRSICH IN NUSS-SCHOKOLADENCREME

10 Min. 4 bft

Sahne mit Quark, Weinbrand, Zucker und Zitronenschale zu einer glatten Creme verrühren.

Die Nuss-Schokolade klein hacken und unterheben.

Pfirsichhälften in Stücke schneiden und auf die Creme legen.

Zutaten:	
6	Pfirsichhälften (Dose)
1 TL	geriebene Zitronenschale
250 g	Quark
200 ml	Sahne
1 Tafel	Nuss-Schokolade
3 EL	Zucker
1 TL	Weinbrand

ANEKDOTE

Der Name Schokolade geht auf das aztekische Wort ‚xocolatl' zurück und heißt übersetzt bitteres Wasser. Die Samen der Kakaopflanze wurden im alten Mexiko ausschließlich für die Zubereitung von nicht-gesüßten, oft scharfen Getränken genutzt und als solche auch von den spanischen Eroberern im 16. Jahrhundert nach Europa gebracht. Erst die Zugabe von Zucker oder Honig ließ das Getränk auch in Europa populär werden. Milchschokolade wurde erstmals 1839 in Dresden hergestellt.

E-0314

MASCARPONE-CREME MIT FRISCHEN FRÜCHTEN

15 Min. 5 bft

Für die Creme Sahne, Mascarpone und Zucker in einer Schüssel verrühren.

Früchte waschen und bei Bedarf in mundgerechte Stücke schneiden. Auf die Mascarpone-Creme legen und servieren.

Zutaten:	
1 kg	frische Früchte
500 g	Mascarpone
200 ml	Sahne
100 g	Zucker (1 Tasse)

ORANGEN-DESSERT

15 Min. 4 bft

Die Orangen mit einem scharfen Messer so schälen, dass die weiße Innenhaut mitentfernt wird. In Scheiben schneiden und die Scheiben je einer Orange auf Teller verteilen.

Zitronensaft und Honig vermischen und über die Orangen verteilen. Mit gehackten Nüssen oder Pistazien bestreuen.

Zutaten:	
6	Orangen
6 EL	Zitronensaft
3 EL	Honig
80 g	gehackte Nüsse oder Pistazien (1 Tasse)

GEBACKENE ANANAS

15 Min. | Hafen

Aus Eiern, der Hälfte des Mehls, Wein und Salz einen Teig anfertigen. Teig in einen Suppenteller füllen. In einen zweiten Suppenteller die zweite Hälfte des Mehls füllen. Reichlich Öl in einer Pfanne erhitzen. Ananasringe abtropfen lassen, in Mehl wenden und durch den Teig ziehen. In Öl goldgelb backen.

Zutaten:	
10	Ananasringe (Dose)
2	Eier
125 ml	Wein (1 Tasse)
75 g	Mehl (1 Tasse)
½ TL	Salz

BLÄTTERTEIGTASCHEN

10 Min. + 20 Min. Backzeit | 3 bft

Sauerkirschen mit ihrem Saft aufkochen, mit in Wasser angerührter Speisestärke dickflüssig abbinden und abkühlen lassen.
Blätterteig in Quadrate von 15 cm schneiden. Mit jeweils 6 Kirschen belegen. Je 1 EL Sauce darüber geben. Ecken zur Mitte falten und leicht zusammen drücken. Im Backofen auf mittlerer Stufe ca. 20 Min. goldgelb backen.

Zutaten für 8 Stück:	
1 Pkg.	Blätterteig (TK oder aus dem Kühlregal)
200 g	eingemachte Sauerkirschen
1 EL	Speisestärke

TIPP

Mit etwas Geschick und Ausdauer kann man den Strudelteig natürlich auch selbst herstellen. 250 g Mehl, 50 g flüssige Butter, 1 Ei, 1 Prise Salz und 1 Tasse lauwarmes Wasser zu einem glatten Teig verarbeiten. Anschließend auf einer bemehlten Fläche 10 Min. kneten. Eine Kugel formen, mit Öl bestreichen und in einem vorgewärmten Gefäß oder in Folie mind. 30 Min. bei Zimmertemperatur ruhen lassen. Anschließend auf einer bemehlten Fläche oder einem Stofftuch so dünn wie möglich ausrollen und mit den Händen in Form ziehen. Ergibt 16 Stück. Dieser Teig kann auch zu Strudel verarbeitet werden.

MANDELSCHNECKEN

25 Min. + 80 Min. Back- und Ruhezeit

3 bft

Mehl in eine Schüssel geben und in der Mitte leicht vertiefen. Hefe in Zucker lösen, in die Vertiefung geben und leicht unterheben. Butter in der Milch schmelzen und abkühlen lassen, bis die Milch nur noch lauwarm ist. Über Mehl und Hefe schütten und das Ei hinzufügen. Alles zu einem Teig verarbeiten und an einem warmen Ort 1 Std. gehen lassen.

Den Teig zu einem ca. 40x50 cm großen Rechteck ausrollen. Mit Sahne bestreichen und mit Mandeln bestreuen. Nun den Teig von der breiten Seite einrollen und in 12 gleich große Scheiben schneiden.

Die Scheiben auf ein gefettetes Backblech verteilen und auf mittlerer bis großer Flamme ca. 20 Min. backen.

Zutaten für 12 Stück:

250 g	Mehl (3¼ Tassen)
½	Hefewürfel (oder Trockenhefe)
2 EL	Zucker
125 ml	Milch (1Tasse)
1½ EL	Butter
1	Ei
100 ml	Sahne
75 g	gemahlene Mandeln oder Nüsse (1 Tasse)
75 g	gehackte Mandeln oder Nüsse (1 Tasse)

VARIANTE

Statt Mandeln oder Nüssen können auch Mohn und Marzipan verwendet werden. Bei Rosinen wird keine Sahne verwendet. Damit Rosinenschnecken nicht zu trocken werden, werden diese mit erwärmter Aprikosenkonfitüre bestrichen, sobald sie noch heiß aus dem Ofen kommen.

INGWER

INGWER-ZITRONEN-TEE

10 Min. 6 bft

Ingwer schälen und würfeln. Zitrone in Stücke schneiden und zusammen mit dem Ingwer in einen Topf geben. ¼ l Wasser dazugeben, aufkochen und 5 Min. ziehen lassen. Durch ein Sieb oder einen Kaffeefilter in das Teeglas gießen und mit Honig süßen.

Zutaten:

10 g	frischer Ingwer (½ TL)
1	unbehandelte Zitrone
1 TL	Honig

INGWER-KAFFEE

5 Min. | 5 bft

Kaffee- und Ingwerpulver miteinander mischen und mit ¼ l Wasser durch einen Kaffeefilter aufbrühen. Mit Zucker oder Honig süßen. Milch zugeben oder mit Sahnehäubchen bedecken.

Zutaten:	
2 TL	Kaffeepulver
1 Msp.	Ingwer gemahlen
1 TL	Zucker oder Honig
1 EL	Sahne oder Milch

INGWER-KEKSE

15 Min. | Hafen

Zucker, Ei, Salz und warme Butter mit einem Schneebesen verrühren. Mehl, Backpulver und Gewürze dazugeben und zu einem Teig verarbeiten. Ungefähr 1 cm dick ausrollen, in kleine Scheiben schneiden und in Zucker wenden. Auf Backpapier setzen und im vorgeheizten Backofen bei mittlerer bis hoher Temperatur 7-10 Min. backen.

Zutaten:	
200 g	Zucker (2 Tassen)
150 g	Butter
1	Ei
1 Msp.	Salz
250 g	Mehl (3¼ Tassen)
½ TL	Backpulver
1 Msp.	Nelke gemahlen
2 TL	Ingwer gemahlen
½ TL	Zimt

INGWER-KAKAO

10 Min. | 5 bft

Kakaopulver mit 2 TL kaltem Wasser anrühren. Ingwer schälen, fein reiben und zum Kakao geben. Mit kochendem Wasser aufgießen, umrühren und ca. 5 Min. ziehen lassen. Honig in eine Tasse geben und den Kakao durch ein Sieb eingießen. Nach Geschmack mit geschlagener oder flüssiger Sahne servieren.

Zutaten:	
2 TL	Kakaopulver (kein Kaba)
1 TL	frischer Ingwer
1 TL	Honig
1 EL	Sahne

SCHLAGWORTVERZEICHNIS

VERANTWORTUNG FÜR UMWELT UND GESELLSCHAFT

Als Unternehmen der Wassersportbranche ist es uns ein wichtiges Anliegen die Umwelt zu erhalten und eine größtmögliche Artenvielfalt zu bewahren. Daher wollen wir uns sowohl als Sportler als auch als Unternehmen nachhaltig und vorsichtig verhalten: Desto schöner und interessanter wird sich uns die Natur zeigen.

Neben der konkreten Ausrichtung unserer Geschäftsprozesse auf niedrige Umweltbelastung und Sozialverträglichkeit, weisen wir natürlich auch in unseren Produkten auf einen umweltbewussten Umgang mit der Natur hin. Wir sind für jeden Hinweis unserer Leser dankbar, um zukünftige Projekte noch umweltfreundlicher zu gestalten. In unseren Geschäftsprozessen gewährleisten wir insbesondere:

- Regionale Produktion zur Vermeidung von Transportwegen
- CO_2-neutralisierter Druck von Büchern
- konsequente Verwendung von zertifiziertem Recycling-Papier
- Verwendung von Strom aus erneuerbaren Energien

Da trotz umweltbewusster Unternehmensführung Ressourcen benötigt werden und Abfall produziert wird, hat es sich die Aequator GmbH zur Auflage gemacht, jährlich 1 % des Umsatzes in innovative Förderprojekte zum Erhalt unserer Umwelt zu investieren. Das erklärte Ziel ist es, den Lebensraum von Menschen und Tieren auf dem Land und im Wasser zu erhalten und Schäden durch wirtschaftliche Nutzung einzudämmen oder zu kompensieren.

Welches Umweltprojekt durch die Aequator GmbH gefördert wird, wird jährlich geprüft und anlässlich des Geschäftsabschlusses auf der Internetsite bekannt gegeben. Bewerbungen von Organisationen, die sich für den nachhaltigen Schutz der Umwelt engagieren, sind jederzeit willkommen.

Wir danken unseren Kunden für ihren Beitrag zum Schutz unserer Umwelt. Lassen Sie uns gemeinsam unseren Planeten mit Meeren, Ozeanen, Flüssen und Seen bewahren.

DANK

Für die Unterstützung danken wir ganz herzlich Dieter Berkenkamp, Jens Pluta, Katharina Timmerkamp und Heinz Werminghaus.

IMPRESSUM

Bibliographische Information Der Deutschen Nationalbibliothek:
Die Deutsche Nationalbibliothek verzeichnet diese Publikation in der Deutschen Nationalbibliographie; detaillierte bibliographische Angaben sind im Internet unter http://dnb.de abrufbar

1. Auflage, 2014
ISBN 978-3-95737-001-3

Rezepte: Günter Schertler
Fotografie: Andreas Becker

Layout: Helden & Mayglöckchen GmbH & Co. KG, Karlsruhe

Printed in Germany, 2014

Besuchen Sie uns im Internet:
www.aequator.com

FSC www.fsc.org RECYCLED Papier aus Recyclingmaterial FSC® C105340

Print CO2 kompensiert Id-Nr. 1334458 www.bvdm-online.de

SCHOKO-BANANEN

10 Min. | 3 bft

Kuvertüre im Wasserbad schmelzen.

Inzwischen die Bananen schälen und in Butter von beiden Seiten anbraten bis sie goldgelbe Farbe annehmen. Anschließend auf Tellern anrichten. Mit der Schokolade übergießen und mit Nüssen bestreuen.

Zutaten:	
6	Bananen
1 EL	Butter
100 g	Kuvertüre (Blockschokolade)
2 EL	gehackte Nüsse

WISSENSWERTES

Zwar enthält die Banane kaum Vitamine, dafür aber wichtige Mineralstoffe wie Kalium, Magnesium, Phosphor, Eisen, Mangan und Kupfer sowie Ballaststoffe. Reife Bananen enthalten kaum Stärke, aber viel Zucker, weswegen sie sehr leicht verdaulich sind. Sie eignen sich sowohl zur Behandlung von Durchfallerkrankungen als auch von Verstopfung.

Die kleinen braunen Flecken, die häufig auf der Schale zu finden sind, weisen auf Insekteneinstiche während der Reifung hin. Sie beeinträchtigen nicht den Geschmack, lassen die Frucht aber schneller reifen. Gleichzeitig weisen die Flecken aber auf den Verzicht oder die sparsame Verwendung von Insektiziden hin.